历史的丰碑丛书

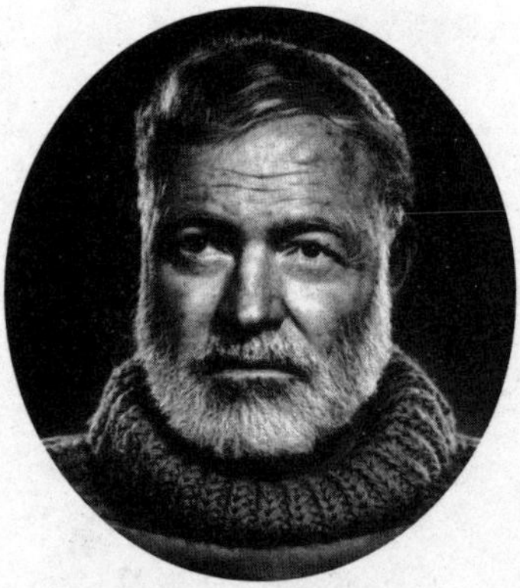

世界文坛的传奇
海明威

何茂荣 编著

文学艺术家卷

吉林人民出版社

图书在版编目(CIP)数据

世界文坛的传奇——海明威 / 何茂荣编著 . -- 长春：吉林人民出版社，2011.4（2021.8 重印）

（历史的丰碑丛书）

ISBN 978-7-206-07623-7

Ⅰ.①世… Ⅱ.①何… Ⅲ.①海明威，E.（1899~1961）—生平事迹—青年读物②海明威，E.（1899~1961）—生平事迹—少年读物 Ⅳ.① K837.125.6-49

中国版本图书馆 CIP 数据核字 (2011) 第 037488 号

世界文坛的传奇 海明威
SHIJIE WENTAN DE CHUANQI HAIMINGWEI

编　　著：何茂荣	
责任编辑：孟广霞	封面设计：孙浩瀚
制　　作：吉林人民出版社图文设计印务中心	

吉林人民出版社出版 发行（长春市人民大街7548号 邮政编码:130022）

印　　刷：北京一鑫印务有限责任公司

开　　本：787mm×1092mm　1/16

印　　张：8　　　　　　　字　数：72千字

标准书号：ISBN 978-7-206-07623-7

版　　次：2011年4月第1版　　印　次：2021年8月第2次印刷

定　　价：35.00元

如发现印装质量问题，影响阅读，请与出版社联系调换。

编者的话

"欲知大道，必先为史"。

回溯人类的足迹，人们首先看到的总是那些在其各自背景和时点上标志着社会高度和进步里程的伟大人物。他们是历史的丰碑，是后世之鉴。

黑格尔说："无疑，一个时代的杰出个人是特性，一般说来，就反映了这个时代的总的精神。"普希金说："跟随伟大人物的思想是一门引人入胜的科学。"

以史为鉴，面向未来。作为21世纪的继往开来者，我们觉得，在知史基础上具有宽广的知识结构、开阔的胸襟和敏锐的洞察力应是首要的素质要求，而在历史的大背景

◆ **历史的丰碑丛书**

中追寻丰碑人物的思想、风范和足迹，应是知史的捷径。

考虑到现代人时间的宝贵，我们期盼以尽量精短的篇幅容纳尽量丰富的信息，展现尽量宏大的历史画卷和历史规律。为此，我们编撰了这套丛书。

编撰丛书的过程，也是纵览历代风云、伴随伟人心路、吸收历史营养的过程。沉心于书页，我们随处感受着各历史时期伟大人物所体现的推动历史进步的人类征服力量。我们随着伟人命运及事业的坎坷与辉煌而悲喜，为他们思想的深邃精湛、行为的大气脱俗而会意感慨、拍案叫绝。

然而，在思想开始远游和精神获得享受的同时，我们也随之感受到历史脚步的沉重

◆ 编者的话 ◆

和历史过程的曲折。社会每前进一步都是艰难的，都伴随着巨大的痛苦和付出。历史的伟大在于它最终走向进步，最终在血污中诞生了鲜活的"婴孩"。

历史有继承性和局限性，不能凭空创造。伟人也有血肉，他们的思想、行为因此注定了同样具有历史的局限性和阶级的、时代的烙印；他们的功业建立于千千万万广大人民群众伟大创造的基础上。历史是人民群众创造的，伟大的人物们是历史和时代造就的。同时，我们也无法否定此间他们个人的努力。这也正是我们编撰这套丛书的目的。

我们期盼着这套丛书得到社会的认同，对读者，特别是青少年读者之历史感、成就感和使命感的培养有所裨益。史海浩瀚，群

◆ 历史的丰碑丛书

星璀璨。我们以对广大青少年读者负责的精神，精心遴选，以助力青少年成长进步，集结出版了《历史的丰碑》系列丛书，敬请读者批评、指正。

历史的丰碑丛书

编委会

策　划：胡维革　吴铁光
　　　　　林　巍　冯子龙
主　编：胡维革　邢万生
副主编：贾淑文　谷艳秋
编　委：（按姓氏笔画为序）
　　　　　于二辉　刘士琳
　　　　　刘文辉　孙建军
　　　　　李艳萍　吴兰萍
　　　　　杨九屹　隋　军

欧内斯特·海明威，美国著名记者和作家——一位富有强烈传奇色彩的人物。他是美国"迷惘的一代"文学的代表，其独特的文风，整整影响了几代美国文坛，20世纪50年代中期因《老人与海》获诺贝尔文学奖。他崇尚英雄，曾亲身参加过多次战争，到过古巴、非洲、中国、西班牙等，留下了许多生动的历史记录。他酷爱打猎、钓鱼、旅行，一生曾浪迹天涯。他还是个出色的斗牛士、拳击手，经历过无数次的意外事故和疾病的折磨，塑造和讴歌了许多"硬汉子"的形象。他虽然曾一次次地背叛妻子，沉湎酒色，却又终生渴望忠贞的爱情，追求光荣而尊严的生活。如此的海明威最终的求死，给人们留下了不尽的思索。

目 录

英雄梦的铺垫 ◎ 001

夯实超越的基础 ◎ 015

扬起创新的风帆 ◎ 034

波澜起伏的生活和创作 ◎ 051

让创造之光迸发 ◎ 063

成就强者的辉煌 ◎ 079

跨越荣誉的巅峰 ◎ 095

"硬汉子"传奇的破灭 ◎ 106

历史的丰碑丛书

世界文坛的传奇 **海明威**

英雄梦的铺垫

> 创造一切非凡事物的那种神圣的爽朗精神，总是同青年时代和创造力相联系在一起的。
>
> 要做一番伟大事业，总得在青年时代开始。
>
> ——歌　德

1899年7月21日，欧内斯特·海明威出生于美国芝加哥西郊的奥克帕克村。他的家族是一个崇尚英雄的家族，具有从军的传统。海明威的祖父和外祖父都曾参加过美国的南北战争，战后，外祖父成了一位富有的商人，祖父安森则任职于伊利诺伊的惠顿学院，并担任过10年芝加哥基督教青年会的秘书长，是一位认真而虔诚的宗教徒，他经常给孙子孙女们讲述南北战争中的英勇故事，带领他们参加战争

→童年的欧内斯特·海明威

文学艺术家卷　001

纪念日的游行。

海明威出生时视力就不好，两个多月时动过一次小手术，10多岁时发展成近视。少年时期在祖父的影响下，海明威就读了一些军事方面的历史书籍，观看有关南北战争的照片、影片。从青年时代起，就想尽办法投身于军旅之中，体会战斗的乐趣，曾参加过5次战争。他一生都十分关注战争，并在26部作品中以战争为主题。可以说他的崇尚英雄，向往坚强、无畏的心理从儿时就已经萌芽了。

海明威的父母和奥克帕克的环境对他后来的思想和生活也都有很大的潜移默化的影响。

海明威的母亲格雷丝·霍尔是在主教派教会的熏陶下长大的，少年时曾两次随其父亲到英国旅行，

← 海明威的父母

1896年10月嫁给海明威的父亲。格雷丝有一头金黄色的头发和一对蓝眼珠，肤色红润，性格开朗，是位天才的女低音歌手。她的日常生活是教授学生声乐，组织音乐会、绘画等。她把家庭环境布置得如同教堂组织的文化沙龙。她热烈的感情、非凡的活力及金黄色头发等，都给了海明威许多影响和丰富的想象，赋予了他敏感的艺术气质和才华，海明威在很多作品中都表达了对头发的敏感和在意。

海明威的父亲埃德博士是一位医生，他曾是位很不错的足球队队员，爱好各种体育运动，宽肩鹰鼻，眼光锐利，精力充沛，讲求实际，十分善良。他在奥克帕克医院任妇产科主任，同时还担任了一些社会团

→ 幼年海明威的全家福

←童年的海明威在钓鱼

体的职务。他虽然医务繁忙，但仍信守诺言，照管各项家务，安排用人，采购物品，做饭等。闲暇时，他喜欢造子弹，做水果罐头和打猎。夏天，他们居住在密执安北部近彼托斯基湖畔的房子里，海明威医生有时候带他儿子一起出诊，横过华隆湖到奥杰布华族印第安人居住地去；他们经常一起钓鱼和打猎。海明威继承了父亲的品貌和体育爱好，终生喜爱渔猎，勇武好斗。他们关系密切，虽然他父亲严于律己，甚至比海明威太太更严格，更具有清教精神。

在海明威的潜意识里，奥克帕克村浓厚的宗教气氛的影响是不容忽视的。这个村庄都是白人，基督教徒，生活优越，自视清高，排外心理较强。人们恪守的信条是辛勤工作、自我奋斗的精神，真心实意的为人作风和力戒邪恶等。儿时的海明威曾身着高领衣服，

世界文坛的传奇　**海明威**

→海明威自豪地展示他一天的渔获

梳着油光锃亮的头发，跟着唱诗班唱诗。长大以后，奥克帕克的斯文教养、道德观念、宗教气氛、乡间的豪放生活等，一直伴随着他，影响着他的情感世界和生活。

在奥克帕克中学读书的几年中，海明威把主要精力放在一些课外活动上，他在学校组织田径队，参加水球、足球和游泳等比赛，加入辩论会俱乐部，是管弦乐队成员，还经常为报纸撰稿，是他们班的带头羊。海明威从1916年起第一次参加职业拳击赛，很快便成为一个出色的拳击手。在学校的年鉴上写着"还没有人聪明胜过海明威"。这些爱好和素养，使他得以在后来有健壮的体魄、顽强的毅力周游世界。

1917年2月的一天，奥克帕克中学餐厅的3个女服务员乘坐的送菜升降机突然发生故障。正在现场的海明威毫不犹豫地跳上去，抓住缆链，赤手空拳吊住滑轮，阻止了一场事故的发生。这件事曾在当地报纸报道过。

文学艺术家卷　005

在学校的最后两年，海明威集中精力于写作，成了他的英语教师们的得意门生。他和朋友们在学校办的报纸《高秋千》上，模仿一些体育专栏作家特有的口语化、快节奏的文风，发表了许多文章。海明威自己也花了不少笔墨谈他自己的业绩，他的知名度有时甚至超过了一些体育明星。他还在学校的杂志《书报》上发表了3篇小说，这些作品显示出吉卜林、欧·亨利、杰克·伦敦等人对他的影响。

尽管海明威在课外活动、文学创作上花费了大量

← 海明威的出生地橡树园

世界文坛的传奇　**海明威**

←海明威，1917年

时间，但仍然保持了优秀的学习成绩。中学毕业前，他放弃了被直接保送进大学的机会，独立或者从军的梦想召唤着他，他决定报名参军，对德作战，或者在上大学之前先工作一年。于是，他不顾家人希望他成为医生的劝告，于1917年10月离开奥克帕克村，到《堪萨斯城明星报》担任记者，从此，便开始了终生奔波的生活。家乡的一切虽然时常折射在他的心中，但他却离家越来越远。

《堪萨斯城明星报》素以善于培养自己的新闻工作人员而著称。该报提倡句短段小、富有新意、时效性强、准确凝练、明快有力的文风，这对海明威的行文风格有重要影响。后来，海明威曾说："这是我在学习写作上得到的最好锻炼，也是写作的重要原则，我永远不会忘记它。"在《堪萨斯城明星报》，海明威负责"短、平、快"的新闻报道。他每天早上7点起床，8点赶到办公室，中间花20分钟吃一顿快速午餐，一直工作到下午6点。他年轻，有热情，精力充沛，哪里

有需要采访的,他总是立即搭乘救护车或警备车赶到现场,他跑派出所,采访犯罪新闻;去火车站,跟踪秘闻,采访可疑人物和出游的名流;到医院去核实凶杀和一些死亡事件。海明威尤其喜欢搞特写,他不是平铺直叙地直接报道,而是通过报道对象的所作所为来揭示事实的本质。他在一篇题为《战争·艺术和舞蹈熔于一炉》的特写中,尝试着省略某些情节,而让读者去体会。同时,他以堪萨斯城为背景写下了两个短篇小说和一部长篇小说《在我们的时代里》。凭着他在中学时代积累的扎实的写作基础和在《堪萨斯城明星报》的勤奋工作,海明威不仅克服了自身羞怯、内向的弱点,变得十分活跃、逐渐成熟起来,而且他在采访中收集到的大量活生生的事实,也为后来在小说中描写和表现拳击、犯罪、暴

← 第一次世界大战期间的海明威

力、英雄行为、自杀及死亡等问题积累了大量活生生的第一手材料。

　　海明威的青年时代，正值第一次世界大战期间，素来向往军队生活的他，多次申请参军，均因视力不行而被拒绝。1917年12月，海明威终于找到了一个上前线的折中办法。他成了红十字救护车的志愿司机，并于1918年4月30日被接受入伍，离开《堪萨斯城明星报》。5月初，来到纽约，被任命为少尉，在志愿军行列里，受到了威尔逊总统的检阅。

　　1918年5月23日，海明威乘坐一艘法国船"芝加哥号"赴法国波尔多，途经巴黎时，正赶上德军的大

→ 喜欢打猎的海明威

轰炸。海明威用电话向《堪萨斯城明星报》做了现场报道。6月初,海明威到了米兰,当天就投入了抢救因军火工厂爆炸受伤的工人的工作。两天以后,海明威被派到位于斯基奥的一个救护站。他在这里的工作是开着笨重的菲亚特汽车给军营报纸写稿送稿,在这里,他与一位叫约翰·多斯·帕索斯的作家成了好友。不久,海明威主动申请到意大利东北部的皮亚韦前线开一家红十字小卖部,这里虽然紧贴前线,但他仍属于非战斗人员。

1919年,身穿军装的海明威。

然而,流血和死亡的危险却是随时都可能面临的现实。海明威曾在小说《午后之死》中写道,"勇敢是一种能力,不去考虑可能产生的任何结局"。在《战争中的人们》一书中,他说:"想象力对作家来说是最根本的品德,而对一个军人来说,却是致命的弱点。"因为怯懦就是缺乏一种控制力,总是想东想西。要学会控制不想,完全生活在现实的每时每刻中,既没有过去,也没有未来,这才是一个军人最高的品德。这就刚好与一切作家应具有的天赋背道而驰。海明威虽然渴望在战争中建功立业，但他作为一个天才作家对死亡的想象还是令他时常感到恐惧，死神的阴影很快便笼罩了他的生活，并在他以后的生命中时常出现。幸运的是，他总能死里逃生，而这些与死神擦肩而过的经历，构筑了关于他命运的神话，这神话成就了他，同时也毁了他。

1918年7月8日午夜，海明威正在皮亚韦河畔的福萨尔塔的壕沟内给士兵分发巧克力糖时，河对岸奥地利壕堑打过来的一颗迫击炮弹在离他3英尺远的地方爆炸了。有一个士兵被当场炸死，另外两个意大利士兵也被炸伤，海明威被巨大的冲击波击倒并埋在了土中，他的身上中了200多块炸弹碎片，他昏了过去。海明威醒过来后，忍着疼痛，马上把受伤的同伴背到了地下掩蔽部。之后，他自己被担架抬到了3公里以外的包扎所，两小时后，医生给他做了急救处理，注射了几针吗啡和抗破伤风剂，从腿上取出了26个弹片，然后送到福纳西的野战医院。作为在意大利负伤的第一个美国

→ 受伤的海明威

人，海明威在这里停留了39天以后，于7月17日被撤送到米兰的基地医院。这座医院位于阿莱桑德罗·曼佐尼街19号，是一栋古老而又美丽的大厦，有16间单人病房、几间浴室、一间厨房、设备齐全的麻醉和手术室，还有办公室、会客室、图书室等。在米兰的基地医院里，海明威很快坠入情网，爱上了一位叫阿格尼丝·冯·库罗夫斯基的美国女护士。26岁的阿格尼丝颀长秀丽，栗发蓝眼，风姿绰约，能讲一口流利的法语，做过图书管理员。她比海明威大7岁。阿格尼丝的精心照料和爱情使海明威日渐康复。他很快从床上转移到坐轮椅、用拐杖，最后只拄手杖就行了。他们一起参观米兰大教堂，去看赛马、歌剧、喝咖啡等。10月底，海明威说服医生，获准重上前线，但因身体适应不了高度紧张而又兴奋的战争场面，不得不又回到了医院。

住院期间，年轻的海明威表现得乐观向上，用行动证明了自己的英勇无畏。由于体质好，他不仅恢复得很快，而且没有留下永久性的伤残。他经历了战火的考验，对自己的勇气和应付困难的能力充满了信心。他感到重伤可以净化一个人的心灵，使他们能忍受痛

←护士阿格尼丝让海明威神魂颠倒

苦，并超越于战争的野蛮和破坏，他是不可征服的。在经受住了壕堑炮和机关枪的考验之后，他想没有什么东西可以杀死他了。他还相信："只有在受到重大创伤之后，你才能真正开始严肃地写作。"这次受伤使他获得了意大利政府颁发的功勋银质奖章。

1919年1月，海明威回到家乡奥克帕克养病。随后即收到了阿格尼丝拒绝同他结婚的信件。理由是阿格尼丝认为海明威太年轻、幼稚。与阿格尼丝分手，给海明威的心灵带来了极大的创伤和震动，一方面驱使他在以后的岁月里对女人、对爱情采取一种本能的自我保护手段，那就是一面维持当前的婚姻，一面同另一个女人来往，这些人大半成了他继任的妻子，并且在妻子有可能离开他之前，先抛弃她，以保证自己感情上的安全。另一方面，失恋的打击也促使他努力奋斗。最终成为一代伟大作家。与阿格尼丝的感情纠葛，为他提供了创作《永别了，武器》的灵感，小说中柔顺漂亮的女主人公凯瑟琳的原型就是阿格尼丝。

在米兰基地医院，海明威还结识了绰号为"钦克"的一位英国少校军官。钦克的真名叫埃里克·爱德华·多尔曼——史密斯，当时是诺森伯兰第五火枪队队长。他长得瘦长，蓝眼黑发，温文尔雅，内向而机智，在一战期间曾3次负伤，获得过军功十字章。共

同的爱好和相似的经历，使他们彼此走近，成了朋友。20世纪20年代，海明威曾与钦克一起先后到瑞士、德国、西班牙等地，去钓鱼、滑冰、徒步旅行。钦克还是海明威第一个儿子的教父。钦克启发并丰富了海明威的想象力。从1923年起，海明威在他的许多新闻报道、诗歌、小说以及传记、随笔中，都多次提及钦克和他在一起时共同遇险的经历。他非常欣赏并且时常美化像钦克一样的具有某种特长，又能付诸实际行动的人。

　　年轻时的这段战争、负伤和失恋的经历，赋予了海明威至关重要的生活经验和感情模式，对他的人生观也产生了很大的影响，他的许多时间和才华都奉献给了战争，他以自己的行动证明了作家也能成为战士，他因而变得成熟和自信。随着时间的推移和阅历的增加，他也通过作品不断地对暴力和战争进行反思，而不再简单地将战争理想化。

← 海明威

夯实超越的基础

> 不成熟的东西也有值得称赞的地方，因为它虽幼稚，但包含有未来。
> ——黄药眠
>
> 读书足以使人怡情，使人博采，使人长才。
> ——培　根

1919年1月底，远离战争的残酷，生活变得平静、安宁。但对经历过流血和恐惧的海明威来说，战争的创伤和阴影似乎并不会轻易地平复和抹掉。他的腿没有痊愈，只得又做了一次手术。在冒险的刺激之后，他感到了寂寞；与女友阿格尼丝的断交，极大地刺伤了他的自尊心；因为受伤，他总是把黑暗与死亡联系在一起，因此，有很长一段时间，他只有开灯才能入睡。

因为受伤，海明威获得了1400美元保险金，有一年左右的时间，他无须工作。在家的日子，他除了睡觉，看书，到一些教堂、学校、俱乐部演讲外，还做过一段时间的家庭教师，帮助一个生来就残疾的青年

振作精神，提高其对体育和人生的兴趣。海明威对创作的兴趣和热情慢慢恢复起来，对生命的思考也变得深沉起来。这期间，他还动笔写了几篇小说，但都不太成功。

狩猎后的海明威

1920年2月，由于一位权势人物的介绍，海明威结识了《多伦多之星周刊》的一些人，并与其中的特写版编辑乔治·克拉克成了朋友。同时开始为该刊周末娱乐版写小说。据统计，到1921年12月为止，海明威共为《多伦多之星周刊》写了30多篇小说，这些作品虽然有些稚嫩，但文笔幽默生动，富有人情味，内容涉及走私、野营、钓鱼、拳击、小偷等社会的各个层面，有些内幕报道的成分。海明威这一时期对作品题材、风格的某些偏爱，与他后来的创作倾向联系是相当密切的。

1920年夏天，海明威在家乡的沃伦湖畔度过了他21周岁的生日。不久，他因陪伴和参加了妹妹和几个女孩子搞的午夜郊宴而遭到母亲的严厉批评，并被赶出了家门。格雷丝说，除非他"改邪归正，不再游手好闲，依赖别人，挥霍钱财，追求享受……只有你学

世界文坛的传奇　**海明威**

好了，不再给妈丢脸了，才能再进家门。"母亲所列举的海明威的这些"劣迹"，都是与奥克帕克的道德规范不相容的。于是，当年10月，海明威再次离开家乡，来到芝加哥城。

初到芝加哥时，他没有工作，与朋友合租一套房子。整天无所事事，在打球、跳舞、看拳击赛中消磨时光。后经朋友介绍，他认识了刚从巴黎回国的著名作家舍伍德·安德森，他劝海明威到巴黎去，并给庞德、斯泰因、西尔维亚·比奇等著名作家、出版家写了推荐信。

正是在这位叫肯利的朋友这里，海明威遇到了他的第一位妻子哈德莉·里查森。

舍伍德·安德森（1876—1941），是20世纪早期美国著名的小说家，在美国文学史上有很重要的地位，海明威和菲茨杰拉德都受过他很大影响，海明威曾说："他是我们所有人的老师"。

文学艺术家卷　017

1920年11月，哈德莉·里查森应肯利姐姐的邀请来芝加哥做客，并与海明威相识。她比海明威大8岁，出身于圣路易斯一个中上等家庭，是一个很有才华的钢琴手。她温良敦厚，敏而好学，处事公正，充满活力，具有很强的独立性格。12岁时，哈德莉的父亲因生意经营不善而自杀，遇到海明威时，她的母亲刚刚去世。1921年9月，海明威与哈德莉举行了婚礼后，回到沃伦湖畔的别墅住了两周。之后，由于与肯利的关系恶化，海明威夫妇又租了一套条件很差的房子住了下来。10月，哈德莉的叔父去世，哈德莉获得了一笔8000美元的遗产，以后的相当一段时间内，他们就是靠这笔钱生活的。11月份，海明威与《多伦多每日星报》达成协议，作为该报派驻欧洲的记者，在巴黎长驻，为该报写稿，按所写文章付报酬，外出旅行搞特写报道时，周薪75美元，费用实报实销。靠着哈德莉获得的遗产和与《多伦多每日星报》的协议，

← 海明威与第一任妻子哈德莉·理查森

世界文坛的传奇　**海明威**

海明威与哈德莉从纽约乘坐"里奥波迪纳号"轮船，经西班牙于1921年12月22日抵达法国首都巴黎。这位初出茅庐的记者，就这样迈出了从文学青年到成为名作家的关键一步。到巴黎时，他们正好赶上了在欧洲的第一顿圣诞节午餐。

20世纪20年代初期的巴黎，是个物价便宜、令人向往的理想的工作和生活的地方。海明威夫妇对巴黎的情况一无所知，他们希望手里的钱能尽量地多用一些时间，因此，在到巴黎一个月后，他们选择了一幢相当简陋的公寓住了下来。由于这里的水龙头和盥洗室都是公用的，楼道狭窄，环境嘈杂，海明威又另租了一间小房间用于创作。

↑1921年9月3日，哈德莉·理查森和海明威在婚礼上。

文学艺术家卷　019

海明威在西尔维亚的莎士比亚书店前

当时海明威的年收入是3000美元。除了日常的生活支出外，他们把大部分的钱都用在了娱乐消费上。他们去瑞士和奥地利滑雪，去意大利北部旅行，去西班牙看斗牛，给自行车赛和赛马下赌注等。性格温顺柔和的哈德莉默默地听从了海明威的一切安排，她甚至没有舍得为自己买一件衣服。海明威曾说，哈德莉是自己唯一真正爱过的女人。他们俩在一起沿塞纳河散步，在河畔的旧书摊淘便宜的旧书，或什么也不买，只看沿岸的画廊和商店的橱窗。在这样的漫步中，他找到了莎士比亚书店，同为美国人的书店女主人西尔维亚满足了海明威对书的需求，随他想借几本书都可以，并且不用急着付押金。有时候，海明威会走到巴

世界文坛的传奇　**海明威**

→海明威与哈德莉·理查森

黎第6区的欧德翁街12号，那是他另一位美国朋友开的书店，在那里，海明威可以"忘却食物的诱惑"。在这家书店的对面——欧德翁街7号，有一个名叫"书友之家"的机构，海明威经常前往那里聊天，阅读俄国作家屠格涅夫和陀思妥耶夫斯基的作品，并且对《尤利西斯》的作者、爱尔兰作家乔伊斯开始感兴趣。尽管日子过得很清贫，但1921年至1926年间海明威夫妇在巴黎生活的日子是幸福的，正如海明威所说："我们吃得不错而且便宜，我们喝得不错而且便宜，我们睡得很好而且睡在一起很温暖，相亲相爱"。

然而感情波动很大、性情不稳的海明威，无法保持夫妻间的美好与和谐的生活，一些意外的发生，也导致了他们之间裂痕的出现。1922年12月中旬，哈德莉把海明威的一些东西装进一个手提箱内，乘车赶往洛桑和海明威会面，准备去滑雪度假。箱子里装的是海明威尚未发表的全部原稿、打字稿和复印本，其中包括1919年收集的素材，他的最新作品以及某些"有关堪萨斯城的优美故事"。火车在里昂车站停留时，哈德莉离开了车厢一会儿，等她返回时，箱子被盗了。心急如焚的哈德莉想尽办法寻找，仍没有找到。这次损失使海明威受到了极大的震动和伤害，他认为哈德莉对这些表达他深情的思维与感情的结晶的作品漫不经心，对作为作家的他的生活了解得太少。在海明威的内心深处，把这次文稿的丢失与爱情的丧失等同起来。事情过去后，海明威虽然理智上试图原谅哈德莉，

←巴黎的海明威酒吧

但感情上却怎么也做不到。这件事从另一个方面也暴露了海明威性格中的一些弱点，比如：以我为中心，敏感等。这是他们夫妻关系中的第一次严重危机。

到达巴黎之后的海明威，很快在社交界崭露头角。他给人的印象是高个头，漂亮而健壮，宽阔的肩膀、棕色的眼睛、红红的面颊、方方正正的双颧，说话轻言细语，在危难中表现得坚毅不屈。他活泼、热情，甚至有几分天真。从1922年2月到1923年1月的一年里，海明威结识了几位对他很重要、在社会上也很有影响的朋友。如著名艺术家毕加索、米罗、埃兹拉·庞德、格特鲁德·斯泰因、詹姆斯·乔伊斯等，这些朋友大都受过高等教育，他们和海明威一起饮酒、旅游，激励他，帮助他，教育他，为他画像，为他出版作品。海明威对待友谊的态度是矛盾的，他渴望友谊，但与别人

毕加索（1881—1973），西班牙画家、雕塑家，西方现代绘画的创始人。

的友谊很少能够保持长久。在他的一生中，所曾经拥有的友谊大致可以分为四种：一种是当他还是一个文学新手时，与中学同学、钓鱼伙伴、战时同伴以及新闻界的同事所建立的平等的友谊；第二种是20

詹姆斯·乔伊斯（1882—1941），爱尔兰作家、诗人。是20世纪最伟大的作家之一。

世纪20年代中期以前，他成了崇尚自我奋斗的青年作家们的伙伴，也是那些承认他的才能，帮助过他事业的老一辈作家的追随者；第三种是以1926年为界，在《太阳照样升起》出版后，他逐渐与自己文学上的所有恩人们断绝了关系，目的在于突出自己作为一个作家的独创性；第四种是他生命的后20年，他的朋友都是那些地位不如他的人，而同那些与他地位相等的人都断绝了来往。

海明威到巴黎后，同时担任《多伦多之星周刊》

的记者，他的任务并不是负责报道每天的新闻，而是把一个所见所闻加以润色并写入故事，变成特写。较优厚的报酬和自由的时间，使他可以有机会到处旅行，去写他感兴趣的东西。他精力旺盛，又酷爱旅行，因而利用记者的有利条件，奔波于各地，写下了大量的报道。1922年4月的热那亚会议、10月的希土战争、11月的洛桑会议等等，他都及时前往，所作的报道也因富有个性色彩而引人注目。1923年1月，他参观游览了拉帕罗，2月又到意大利北部旅游，三四月在科尔

热那亚国际经济会议是1922年4月10日—5月19日在意大利热那亚城讨论欧洲经济问题的国际会议。参加会议的有英、法、德、意、日、苏俄等29国代表，美国派观察员列席会议。

洛桑会议是第一次世界大战后重新讨论并签订对土耳其和约的国际会议。

蒂纳滑雪，随后又周游西班牙。海明威的新闻报道中反映了他的旅游历程和对新生活的体验。那些新的国家、新的文化、新的运动、新的战争，钓鱼、狩猎、斗牛中的刺激等，丰富着他的阅历和经验，增强了他的自信，使他很快在新闻界出名，同时在文艺界拥有了声誉。他的文章涉及各种会议、战争及欧洲主要国家的政治领袖，也有许多关于欧洲现实生活和社会状况的评论，还有他所喜爱的体育运动。他对国际政治及战争观察得非常仔细，以一个新闻记者和作家的敏锐，深入事件的中心，与阅历很深的记者、饱经风霜的士兵以及政治家们建立联系，获得所需要的宝贵材料。撰写出颇有见地的文章。尤其是1922年4月，他在意大利参加热那亚经济会议期间，由于旅馆管理房

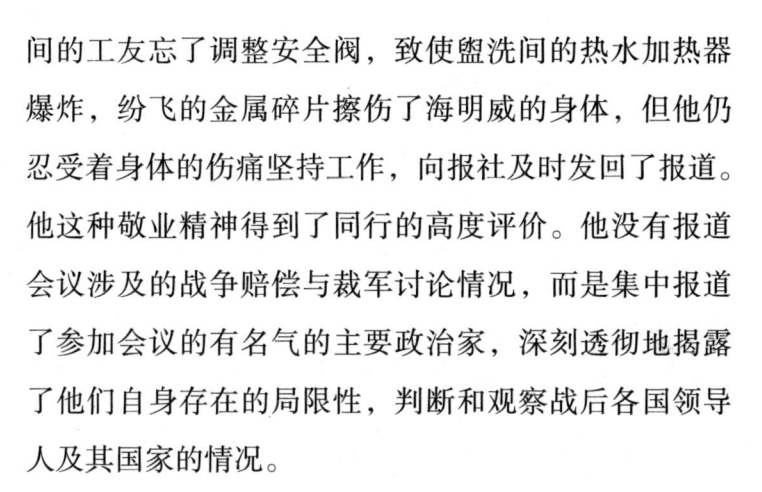

间的工友忘了调整安全阀，致使盥洗间的热水加热器爆炸，纷飞的金属碎片擦伤了海明威的身体，但他仍忍受着身体的伤痛坚持工作，向报社及时发回了报道。他这种敬业精神得到了同行的高度评价。他没有报道会议涉及的战争赔偿与裁军讨论情况，而是集中报道了参加会议的有名气的主要政治家，深刻透彻地揭露了他们自身存在的局限性，判断和观察战后各国领导人及其国家的情况。

为了方便、快捷地报道会议情况，海明威用了一个星期的时间掌握了"海底电报略语"，使他以后的语言风格发生了很大变化。他发出的报道简洁明快，正如一位记者所评价的"没有形容词，没有副词——什么也没有，只有血、骨头和肌肉，这是伟大的创举，是一种新的语言"。

1922年9月30日，海明威到达刚刚被土耳其占领的君士坦丁堡，分阶段报道希土战争的情况。这时，战败的希腊军队已撤出该城，城市物质匮乏，土耳其军队进行了大肆的屠杀和焚烧。海明威为《多伦多之星周刊》写了14篇文章，报道了自己的见闻和感受。他在此期间积累的大量生活素材，为他的创作奠定了重要基础，他在1924年出版的第一部成熟作品《在我们的时代里》的3篇最好的短文，都是有关这次希土

战争的。后来写的《乞力马扎罗的雪》《永别了，武器》中的一些内容，也与此有关。

1922年11月，来自英、法、意、希、土等五国的代表召开洛桑会议，以确定新的、也是事实上的土耳其边界，同时交换人质，讨论希腊战争赔偿等问题。会议进行中间，伦敦《泰晤士报》于11月29日详细报道了处死亲君士坦丁堡的前希腊部长们的事件及经过。对此，海明威在《在我们的时代里》中描述了这一事实，表达了自己的看法。洛桑会议一结束，海明威就写了一首题为《他们都在谈和平——什么样的和平？》的诗，对国际外交界的道德败坏予以辛辣的讽刺，并把他在小亚细亚这段经历写进了《乞力马扎罗的雪》。

↑海明威、谢尔曼·比林斯利和约翰·奥哈拉在斯托克俱乐部

由于频繁地、直接地与一些政治家们来往，参与和目睹了一些历史事件，海明威的政治思想和创作主张也日趋成熟和个性化。他关心政治，同情被凌辱、被损害的人民的苦难，并在大量的写作实践中表达出对这些苦难给予深切的同情。

一个作家，如果对民众的心态漠不关心，就永远不会拥有读者。这一点，我们从海明威的成功中也可以得到证实。海明威从他的写作生涯开始，就力求把他的小说建立在现实的基础之上，并且试图从自己的亲身阅历与感受的事物中提炼出本质的东西来，使创作出的作品比记忆的东西更为真实。他认为："如果一位散文家对他写的东西心中有数，那么他可以省略他们知道的东西。只要作者写真实，读者会强烈地感受到作者所省略的地方，好像作者已经写出来似的。冰山在海里移动是很宏伟壮观的，这是因为它只有1/8露出水面。"这就是海明威从生活实践中概括出来的著名的"冰山效应"理论，这一理论至今还被一些从事新闻与创作的人奉为圭臬。

海明威没有读过大学，他的特殊的艺术感觉和写作天赋，更多地来自他的勤奋和博览群书，以及他的漫游经历，这种"读万卷书、行万里路"的经历，赋予了他极高的鉴别力。托尔斯泰、莫泊桑、屠格涅夫、吉卜林、福楼拜等都给了他诸多的艺术滋养和启迪，对他的与众不同的风格的形成和道德观都产生了极大的影响。吉卜林的著作把维多利亚时代的传统道德以及军人的道德观联结在一起，海明威在少年时期"就特别喜欢阅读吉卜林的作品"，他很尊敬和钦佩这位作家，收藏有20多本吉卜林的著作，一生都一直坚持阅读和研究这些作品。从这位作家的作品里，海明威汲取了许多有用的东西，如文学技巧、写作方法及"含蓄的节约"等文学思想。由此，海明威建立和获得了他独特的严密的观察力、精确的细节和直接的感受，甚至在个人经历、爱好等方面，二人也有许多相似之处。可以说，吉卜林在某种程度上成了海明威的文学导师。

吉卜林（1865—1936），英国小说家、诗人。一生共创作了8部诗集、4部长篇小说、21部短篇小说和历史故事集，以及大量散文随笔游记等。

世界文坛的传奇　**海明威**

托尔斯泰（1828—1910），俄国作家、思想家，19世纪末20世纪初最伟大的文学家，著有《战争与和平》《安娜·卡列尼娜》《复活》等名著。

在文学上对他影响很大的还有托尔斯泰。托尔斯泰是海明威心中的文学英雄，因为他们两人都上过战场，都写过有关战争的题材，而且认为"没有一本描述战争的书能比得上托尔斯泰对战争描绘得如此生动逼真……我很喜欢《战争与和平》对战争和人民的精彩、深刻和真实的描述……"。海明威曾在他的4本书内都提到过托尔斯泰，并在一次重要访问中将这位俄国作家视为一个评判优劣的艺术标准。同时，他自己仍保持着足够清醒的批评意识，以避免出现托尔斯泰晚期作品中的教条主义倾向。

1923年夏天，海明威与两位出版过他著作的出版商比尔·伯德和罗伯特·麦克阿蒙一起到西班牙旅行。他们参加了潘普洛纳的基督教圣节——圣福明节，参与当地人通宵达旦的饮酒、跳舞、焰火、斗牛等活动。他为斗牛所体现出来的悲剧性和美学意义而着迷，感到斗牛可以给予人以激情，激励人投入战争。他认为斗牛与他追寻的表现人类生存的基本方面的词汇相类似，满足了他研究、了解死亡本质的要求。他花了两个月的时间投身于这项规矩严格、高度紧张、技术精湛、要求勇敢的斗牛运动，在以后的多次圣福明节斗牛活动中，他与普通的西班牙人建立了亲密的联系，而且体会到了斗牛与创作之间的密切关系。他认为作者应和斗牛士一样，必须按自己的风格去写作、去生活，斗牛士通过征服恐惧来支配死亡，就会从死亡与

←『斗牛士』海明威

世界文坛的传奇　**海明威**

恐惧中解脱出来。斗牛是艺术家面临死亡威胁的唯一艺术，在这种艺术中表演的精彩程度取决于斗牛士的荣耀感。"当一个人在与死亡抗衡时，他为自己具有的超凡脱俗的品质而感到快感，这种品质就是给予。"在这两种同样充满激情、恐惧与孤独的事业中，能够成为胜利者而流芳百世的机会很少。而海明威如此醉心于这两种事业，源于他的自信、勇气和对成功的渴望，这些给了他奋斗、拼搏的动力和精神支撑。

> 海明威和友人当时去参加"圣费尔明节"时坐在一家咖啡馆里拍摄的照片。照片中的五个人，自左至右分别为海明威、哈罗德·洛布、达芙·特怀斯登夫人、哈德莉、唐·斯图尔特和帕特·格思里。

扬起创新的风帆

> 从来不要求别人同情的人，才能赢得同情。
> ——海明威
> 没有智慧，也就不可能有美。
> ——布尔斯

1923年1月，哈德莉怀孕，海明威不得不打消他继续周游欧洲的计划而回到多伦多。他对即将要承担做父亲的责任感到不快，甚至产生过自杀的念头。他认为哈德莉约束和限制了他的自由，于是他在作品中发泄自己的苦闷。但他还是决定在《多伦多星报》找了个固定职业来维持家庭生活。1923年9月初，海明威应聘做了记者。这份工作没有给他带来多少乐趣和成就，由于顶头上司的压制和刁

海明威和第一任妻子哈德莉、儿子班比在一起。

世界文坛的传奇　海明威

难，他经常去采访一些不重要的新闻，或者到远处执行报道任务，根本没有时间从事小说创作，甚至在他的长子邦比于10月10日出生时，都未能在家陪伴。一向清高、孤傲、自信的海明威终于无法忍受这一切，而于年底辞职。

埃兹拉·庞德（1885—1972），美国著名诗人，意象派的代表人物。

1924年1月19日，海明威夫妇带着孩子乘船离开多伦多，于1月29日到达法国瑟堡，在靠近庞德工作室不远的香圣母院路113号一家很嘈杂的锯木厂楼上租了一个套间，开始了他的新生活。

把家庭安顿好以后，按照庞德的建议，海明威决定去协助新结识的福特·马多克斯·福特主编《泛大西洋评论》。福特是一位在写作技巧上勇于探索，小说上颇有成就，在文学界朋友众多的老作家，同时也是一位眼光独到、技巧娴熟的杰出编辑。他初次编辑发表了劳伦斯的作品，并且在《泛大西洋评论》上发表了海明威早期的短篇小说《印第安营地》《漫天风雪》

文学艺术家卷

《大夫和大夫的妻子》等一些作品和文章。1924年5月，福特带海明威到伦敦去见报社老板，这件事说明他对海明威的器重和欣赏。福特让海明威主编了1924年8月的《美国》专刊，在这一期上，海明威编辑刊登了他自己及他的朋友格特鲁德·斯泰因等人的作品。福特经常写文章称赞海明威，认为"当今美国最优秀的作家，最严肃认真的、写作技巧最娴熟、最精湛的是欧内斯特·海明威"。但海明威却始终不喜欢福特，并给他罗列了一系列的缺点。后来，因海明威在《泛大西洋评论》上连载格特鲁德·斯泰因的一部冗长乏味的长篇小说，促使福特于1925年初将《泛大西洋评论》停刊。

我们都知道，写作其实是一个非常困难的和殚精竭虑的过程，也是终身孜孜以求也难以尽善尽美的挑战。在某种意义上说，写作不可能被人教会，而只有通过长期艰苦的实践才能学会。在此过程中，人可能会面对许多困难和诱惑，要忍受孤独和磨难。一个优秀的、有艺术良心的作者，必须自觉地抵御诱惑，对艺术、对未来负责。海明威后来的成功，包含了从青年时代起就开始的艰苦探索的辛酸和快乐，体现了他不为身外世界左右、追求艺术完美的执著。

20世纪30年代初的海明威，曾在给父亲的一封信中说:"在平静安定中写作,对我来说比陷入毁灭美国作家们的金钱陷阱重要很多。我要尽力创作,从不去考虑销路问题,也从不考虑它会给我带来什么,甚至也不去想它能否发表。"正是由于这种勤奋和甘于寂寞的精神,使海明威在创作上一步一个脚印地前进,并不断地获得令人欣喜的突破。1926年5月,住在马德里一家旅馆的海明威一天之内完成了3个短篇小说,即《杀人者》《今天是星期五》《十个印第安人》,充分展示了一个年轻作家旺盛的精力和卓越的才华。

这一时期,海明威的创作思想也逐渐系统化、个性化,他在《论写作》《老新闻记者的手笔》《艺术大

↑海明威在巴黎与美国作家珍妮特·弗兰纳在一起

←写作中的海明威

师的独白》等论著，以及一些书信、访问记、作品序言中，论述了他的基本创作原则和美学观点。这些思想主要是：

第一，很好地研究与学习文学典范作品。

第二，通过实践与阅读掌握你的主题。

第三，在单独而又具有纪律性的条件下工作。

第四，清晨开始工作，每天集中创作数小时。

第五，每天写作前先从头到尾阅读你已写出来的东西，如果你在写一部长篇小说，那就从最后一章阅读起。

第六，写作过程中要慢一些，要深思熟虑。

第七，当写作进行得很顺利，而且也知道下面该如何发展时就停笔，这样第二天再创作时，你就会保持充分良好的势头。

第八，不要去议论你正在进行创作的有关材料。

第九，当你完成一天工作后，不要再去考虑有关写作的事，但可以在潜意识里去推敲。

第十，当你开始创作时，就要按计划进行。

第十一，把每日的进展情况记下来。

第十二，创作完成后，把标题列出来。

以上所罗列的海明威的一些基本原则，有一些并不具备普遍性，对别的作者也不一定适用。但从中我们却可以看出海明威的思维轨迹，和创作的个性色彩，对了解他是有帮助的，而且也启迪我们创作中应该注意的问题。

海明威的美学思想建立在两个基本原则的基础上。这两个基础原则是：第一，小说必须建立在真正的感情与智力的感受上，要忠于现实，却仍需运用丰富的想象力与创造力来加以改造与提高，直到它比单纯的实际事件更真实。第二，小说必须简洁、精炼，从而达到强化的效果。紧凑有力的结构与深厚的内涵使作品植根坚实，寓力量于故事的情节之中。他说："我经常尝试按冰山的原则去创作，冰山有7/8在水面以下来突出露在水面上的其他部分。"海明威对自己纯朴的表现手法和富有启发性的朴实无华而感到自豪，他的文

章以精炼的词句、有限的词汇和对可见世界的直接描述，及明快生动的文体风格，成为20世纪最有影响的作品，一些著名作家斯科特·菲茨杰拉德、劳伦斯等都对海明威不寻常的用词风格、文风、技巧等给予了高度评价，把他看作是当代文学中一个很重要的新生力量。

1923年2月，在洛桑会议和到鲁尔旅行期间，海明威写出了《在我们的时代里》中的6篇。1923年春天在《小评论》上发表。1923年7月底8月初，他的创作力第二次迸发，很短时间内完成了其余12篇初稿。1924年1月到7月，在他成为专业作家的头6个月内，完成了汇集在《在我们的时代里》内的精髓之作的9

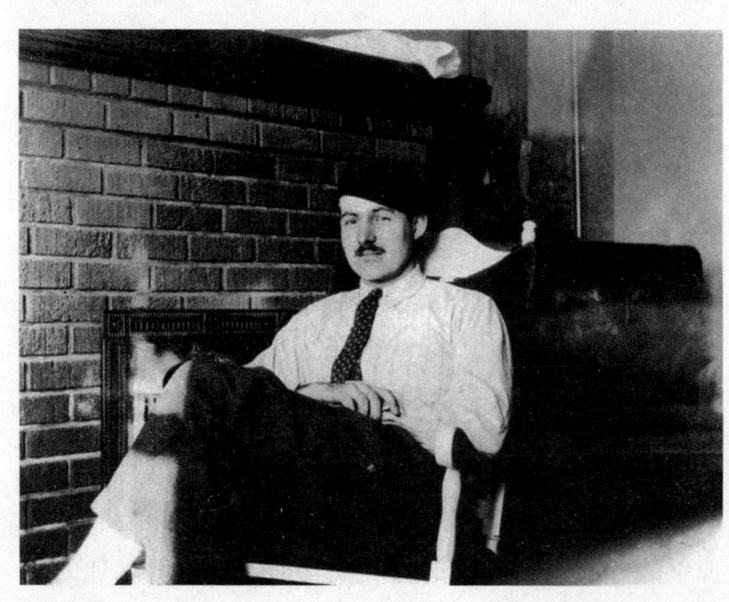

← 海明威在巴黎

世界文坛的传奇　**海明威**

←1925年，海明威一家在奥地利滑雪。

篇新小说。这部小说集于1925年10月由博奈和利夫莱特出版公司出版，海明威把它献给了哈德莉。在这些作品中，对生与死的描述，希望和痛苦等表现得十分充分。

1924年10月，《在我们的时代里》脱稿后，海明威给埃德蒙·威尔逊写了一封很重要的信，对书中的短篇小说及交替出现的小品文之间的关系做了说明，他称之为"放大的、透视的说法"，着重强调了一位作家所说的栩栩如生的自然环境，表明如此安排的用意，即为了"便于在细读各篇时有一个整体的印象"。威尔逊在《日晷》上发表评论，称赞"他的散文是第一流的"，指出海明威"善于用寥寥数笔来含蓄地阐述道德价值"。威尔逊在某种程度上帮助海明威树立了真正的文学威望。

《在我们的时代里》头5篇小说和《我的老人》是

关于少年与青年的;《一则很短的故事》《士兵之家》是关于战后再调整的事,此外还有写战后欧洲人的流放、与哈德莉婚姻的破裂等,其中最感人的是《大二心河》。《大二心河》描写的是主人公尼克回到他少年时期住过的地方,治疗战争中所受的创伤的事。作者通过尼克·亚当斯的见闻和亲身经历,表达了他的伟大主题之一——失落感。这不只是所谓压力下的优美风度问题,而且是在围困下的优美风度。

1924年11月,海明威回到巴黎,继续与许多作家建立联系和发展友谊。这次回来,海明威不再像过去那样,只是庞德、斯泰因、乔伊斯等老一辈著名作家的追随者,而是成长为巴黎作家群中一个有竞争力的平等对手了。这一年秋天,他结识了哈佛大学教授、诗人麦克利什。随后,他到奥地利阿尔卑斯山去滑雪,并在那

←麦克利什(1892—1982),美国诗人。

世界文坛的传奇　**海明威**

里停留到1925年3月。而家里人则留在奥地利西北部靠近布卢登茨的一个叫施伦斯的城镇，靠每周18美元维持生活，日子过得十分拮据。这次旅行使他结识了第二位妻子，但却没有帮助他创作出新的优秀之作。

就在这期间，海明威与哈德莉的夫妻关系开始恶化。当时哈德莉穷得连补鞋的钱都没有，衣服破旧，式样过时，而且生完邦比后身体发胖，对于这些，海明威是在许多年后，在经历过几次感情失败后才意识到自己应承担的责任的。海明威又是一个极不安分的人，他总是不停地在生活中追求新鲜奇异的东西，寻找新的刺激，想到新的地方旅行，玩个新的花样，观看一下新的风光，参加个什么新的活动。尽管哈德莉性格温柔，极善于体贴人、关心人，但她面对喜新厌旧、精力过盛、脾气暴躁的海明威，仍然常常感到束手无策，极

→ 海明威和猫

海明威与菲茨杰拉德

难适应。哈德莉在这个家庭里，精神上和体力上经常感到疲惫不堪。

这时，在海明威的生活中出现了另一个年轻女人——波琳·法伊弗。1925年2月，海明威夫妇参加朋友洛布、凯蒂夫妇的家庭友人聚会。在这次聚会上海明威夫妇结识了凯蒂的女友波琳和她的妹妹森莉。波琳1895年7月生于美国伊阿华州的帕克斯堡。波琳的父亲保罗是一家公司的大老板，叔叔格斯也是一个富翁。波琳1918年在密苏里大学新闻学院毕业后，曾先后在美国几家报刊工作了几年。她为了谋求发展，便和妹妹吉尼结伴来到巴黎，在《法国时装》杂志任编辑。

世界文坛的传奇　海明威

菲茨杰拉德（1896—1940），美国著名编剧，是"爵士时代"最重要的代表人。

在一份新的感情的吸引之下，海明威暴露了性格中自私的一面。他为了获得新的幸福，置哈德莉的感受于不顾，在小说《雨中的猫》《不合时令》等作品中，描述了自己丧失爱情的孤独寂寞，丑化哈德莉，夸大她的某些错误，为自己的负心寻找借口。两年后，在经历了几次危机之后，哈德莉与海明威于1927年1月离婚。5月，海明威与富有的波琳·法伊弗结婚。

1925年4月，在《在我们的时代里》出版前6个月，海明威在澳洲大酒吧间遇见了斯科特·菲茨杰拉德。菲茨杰拉德将他介绍给斯克里布纳出版社，并帮助他成名。他喜欢谈论有关称赞海明威的故事，还给海明威的一生涂上了很有魅力的色彩，他的最后一部描写"中世纪"的荒诞作品《黑暗时代的公爵菲利浦》中的主人公就是以海明威为原型的。这种颇有些"惺

惺惺惜惜"式的相识、相交的友情故事，在海明威的一生中有过许多次。海明威幸运地一次次遇上优秀的伯乐。可以说，他们就像温煦的阳光、丰沛的雨露一样催发了海明威这颗良种，给了他长大成材的机遇，因而，今天的人类文明史上才又多了一位杰出的作家、一批优秀的文化遗产。当然，从另一个角度说，如果海明威不是一块璞玉，没有此前丰富的人生积淀和此后的勤勉，再高明的大师也不可能使他成功。这或许也是对内因外因辩证关系的又一个生动注解吧。

1925年11月，海明威完成小说《春潮》。这篇小说于1926年5月，由斯克里布纳出版公司出版。作品影射和攻击了他的朋友、作家安德森。海明威强烈的竞争心理和要在文学领域里独占鳌头的意识再次表现

↑1927年，海明威与第二任妻子波琳在巴黎。

出来。在今天看来，这种做法对一个渴望成功的青年作家来说虽然无可厚非，但毕竟伤害了朋友间的感情。而感情是荣誉和花环都代替不了的。

与波琳结婚后，海明威表面上改信天主教，但实际上他并不信奉任何一派。他信仰天主教是因为天主教的信条给他提供了某些有用的文学素材，并为他提供了某种安全保障，满足了他信奉中世纪迷信的愿望。

1925年7月21日，海明威在自己的生日这一天，开始写作《太阳照样升起》，1926年8月校订完毕，同年10月由斯克里布纳出版社出版。他以自己的生活为原型，以一种周而复始的结构，描述了主人公尼克的经历和心态，强调了自然界的永久秩序和对新一代人的希望。这部作品以超脱和端庄的态度，精辟的对话，对人物性格深邃的刻画，描述了一个人多少有点心地不纯但又十分悲惨的命运和巨大的精神崩溃，并借以描绘了思想上丧失了指导目标，受时代命运或勇气驱使而导致狂热的一代人。《太阳照样升起》后来被称为"迷惘的一代"

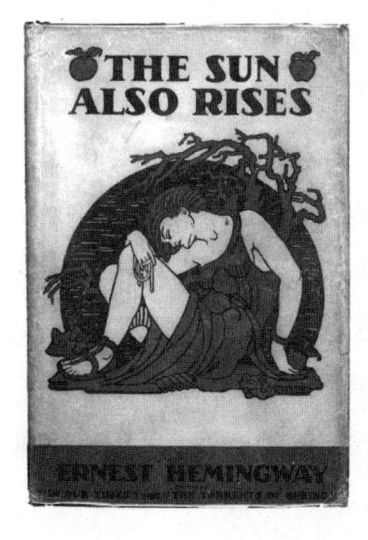

→《太阳照样升起》

文学的代表作,它的出版,也奠定了海明威作为美国主要作家的声誉,被公认为海明威最伟大的著作。

1927年10月,海明威出版了小说集《没有女人的男人》。这部集子共收进了海明威以前撰写的14篇短篇小说中的大部分,而且大都在《大西洋月刊》《小评论》《新共和》等刊物上发表过,内容涉及到了斗牛、战争、匪徒、法西斯主义、拳击、受伤、死亡等。作者有意删去了"有关女性方面温柔的内容",这或许是由于他刚刚离婚的缘故。作品集的笔调却趋向客观,较少带自传式的性质。其中《杀人者》《白象似的群山》《在另一个国度里》在展示作者风格方面具有代表性。《杀人者》是根据阿尔·卡彭的《芝加哥》一书写成的,作品用俏皮的对话、直觉的感受和紧张的电影式的场面,讲述了一个职业拳击和谋杀的故事,揭示了邪恶和死亡的主题。这篇小说曾被改编成电影,受到观众好评。

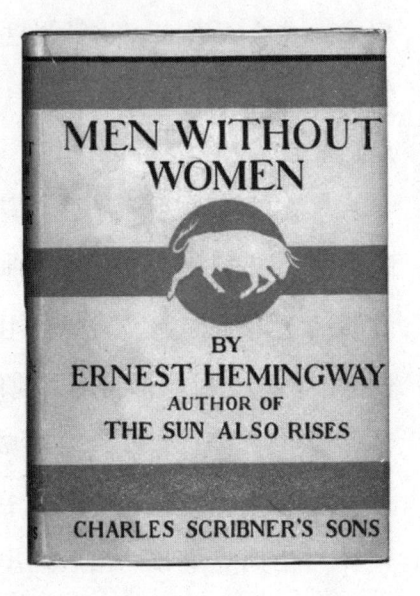

← 《没有女人的男人》

世界文坛的传奇　**海明威**

→海明威

《白象似的群山》，以群山和白象做对比，用一些假想的动物来代表无用的东西，描写了一位被自然景色所感动而富有想象力的女人和不同意她的观点想象力不丰富的男人之间形成的对立。小说中用一系列极端对立的情节，如自然的与勉强的，本能的与推理的，生气勃勃的与病态的等，来推动主题的展开和发展。

《没有女人的男人》一书出版后，在头6个月就销售了19000册，受到报纸广泛的赞扬。评论家西里尔·康诺利认为，海明威作品中的粗犷、刚劲有力和一腔柔情，"由于幽默和运用对白的力度以及对所写的人了如指掌而日臻完美"。有人甚至认为这些短篇小说要比《太阳照样升起》更有价值，更动人。

海明威在写作上的日益成熟使他的声誉日隆。同时，他性格中的某些特点与他的体育爱好之间的矛盾也更加突出。他近视，爱发脾气，情绪易于波动，酗酒，这些在不自觉中损害了他的身体，但他仍经常不断地旅行，寻求新的刺激。在开车、拳击、滑雪、钓鱼、打猎以至作战中，他有意无意地将自己置于危险的境地，用一种自我锤炼的方式证明自己的意志和惊人的恢复能力，体现男性的力量与勇气。与波琳结婚后的第一年中，海明威就3次受伤。第一次发生在蜜月里，他的脚被割伤并感染；第二次是半年后，右眼受伤；第三次是1928年3月，盥洗室的天窗玻璃掉下来，致使他头上的两根小动脉破裂。他凭着自己的身体素质和心理素质，以强大的精神力量战胜伤痛，一次次恢复健康。对此，乔伊斯曾有过很恰当的评价，他说："他（指海明威）是一个高大强壮的农民，粗壮得像头水牛。他像个运动员，而且愿意像他所描写的生活那样去生活。如果他的身体不允许他去那样生活，他就绝不会去描写那种生活。"海明威后来的自杀也正印证了他对自由和自身力量的强烈渴望。

波澜起伏的生活和创作

> 伟大就像一座高山,通向它的道路是陡峭而崎岖的。
> ——盖兹利特
>
> 生活就是用斗争、探索、操劳的火燃烧自己。
> ——维尔哈伦

1928年3月,海明威陪伴怀孕的波琳乘坐"奥利塔号"船去哈瓦那,开始了18天的海上旅行,从此,再没在大都市居住过。

4月初,他们抵达位于美国佛罗里达半岛顶端向西南伸展的最后一个亚热带小岛基韦斯特,在这里生活了许多年。

基韦斯特岛宽仅1.5英里,长4.5英里,离哈瓦那90英里,离美国大陆120英里。这里气候温暖,生活节奏较慢,很少见到汽车,流行使用西班牙语,颇具异国情调,是游泳和钓鱼的理想地方。海明威对这个小岛充满了热情和好奇心,尤其喜欢到位于格林街上

的醉乔酒吧去喝酒、聊天，观察这里的风土民情。海明威的家住在西蒙通街，海明威在海岛的生活非常有规律，张弛有度，每天太阳一出他就起床，上午写作三四个小时，下午钓鱼。十几年里，他写下了《永别了，武器》《午后之死》《非洲的青山》《有的和没有的》《乞力马扎罗的雪》《第五纵队》《西班牙的土地》等大量优秀作品，其中还包括《丧钟为谁而鸣》的开头部分。

←海明威在钓鱼

4月初，海明威精力充沛的母亲与健康状况不佳、房地产经营也每况愈下的父亲，来到基韦斯特看望他们。这是他最后一次见到父亲。5月底，一家人去阿肯色州的皮戈特看望了波琳的父母。6月28日，波琳生下了儿子帕特里克。8月中旬，波琳将儿子托付给她的父母，自己陪伴海明威在佛罗里达和古巴西部地区旅行。11月底，他们搬到基韦斯特南街1100号，12月上旬，海明威旅行到纽约去接儿子邦比，在回佛罗里达途中，收到了母亲发到斯克里布纳出版社的电报，得知父亲去世的消息。这一天是1928年12月6日。

世界文坛的传奇　**海明威**

海明威的父亲埃德·海明威笃信宗教，是一位善良、坚强、活泼而出色的医生，但他却对付不了疾病的折磨，心灰意冷，闷闷不乐，健康状况急剧恶化。糖尿病、心绞痛经常袭击他，加上生意上又亏损了一大笔钱，终于促使他走向绝望的深渊。他曾对妻子说："我不能那样生活……我不愿成为一个卧床不起的人……我为此感到耻辱……"12月6日中午，埃德回家后用海明威祖父的32口径左轮手枪自杀了。死后20分钟，邮差送到了一封海明威允诺帮他还债的信，可是一切都已经晚了。

海明威一直崇敬自己的父亲，他很难一下子接受和理解父亲自杀的事实，因此，在《非洲的青山》《丧钟为谁而鸣》等作品中，对父亲的行为进行指责和批评，称父亲是"胆小鬼"。但几十年后，当他患上"老年忧郁症"时，他才真正理解了父亲的痛苦心情，感受到了周围环境重压下的绝望和无

→1928年，海明威在基韦斯特捕鱼。

文学艺术家卷　053

奈。

　　匆匆赶回家中的海明威，在处理完父亲的丧葬、解决了家里的经济问题后，将父亲自杀用的手枪扔进了怀俄明的深湖中，希望能忘掉这个噩梦。他还动用自己3万美元和波琳的2万美元建立了一项数目可观的信托基金，以保证母亲在有生之年得到一大笔收入，维持家庭生活。之后，海明威回到基韦斯特，极力克制着他的伤感，继续投入艺术创作，花了5个星期的时间，辛勤地校阅《永别了，武器》一书。书脱稿后，交给波琳和妹妹森莉打字。

　　1929年4月，海明威一家乘船从哈瓦那去法国，回到了他们在费鲁街的寓所。他经常去看赛马、自行车赛和拳击比赛，在充满激情的运动中消磨时光。7月，他与朋友希科克及吉尼到达潘普洛纳，之后去马德里等地，9月回到巴黎。第二年1月回到哈瓦那，在基韦斯特过冬。

　　这期间，《永别了，武器》一书于1929年9月27

← 海明威和马林鱼

→《永别了武器》电影剧照

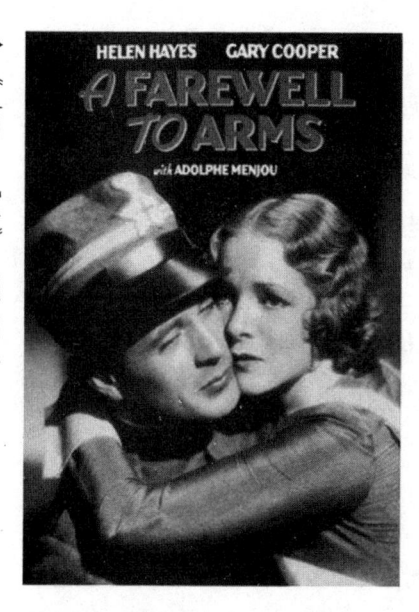

日出版。这部小说以实例说明了海明威关于创作来自认识的理论。他深信作家必须具有某些实践经验，才能创作出好作品来。他主张保持历史的真实性。在这部小说中，他运用了军事历史资料和报道关于奥意战役的真实素材。他曾对一位朋友说，他写的任何东西都是在那件事发生了很久以后。

从经历战争到著书的10年中，海明威的情绪由年轻、富有理想主义而转变为幻想的破灭，在好多信件与小说中都能够看出这些。他借助《永别了，武器》中主人公弗雷德的口吻说道："……光荣、尊敬、勇敢或神圣，这些抽象的字眼假如不与具体的名称，像村庄、道路、河流的名字，部队的番号和日期联系在一起，那简直就是亵渎。"他还认为："抽象的概念都是谎言，只有人们曾在那里战斗和作出牺牲的地方才是高贵和有意义的。"

海明威多次对《永别了，武器》进行修改，每一

次修改都有新的提高。之后，斯克里布纳杂志为获得该书的连载权，付给了海明威高达1.6万美元，但由于有关方面认为小说有一段不道德的情节和有伤风化的语言，6月份那一期杂志在波士顿被禁止发行。这种"封杀"反而更激发了广大读者对这本书的兴趣，小说获得了更多的赞扬。他的声誉在这一年(1929年)达到了一个顶峰。20世纪30年代初，《永别了，武器》分别被3家电影公司改编成电影。虽然海明威对影片十分不满，但小说的销售量却大大增加，到1961年为止，已累计销售140万册。《永别了，武器》是"迷惘的一代"文学的最高成就之一。它着重探讨了"迷惘的一代"的形成，并把这个问题与帝国主义战争对一代人的摧残联系在一起。这部书把矛头指向了帝国主

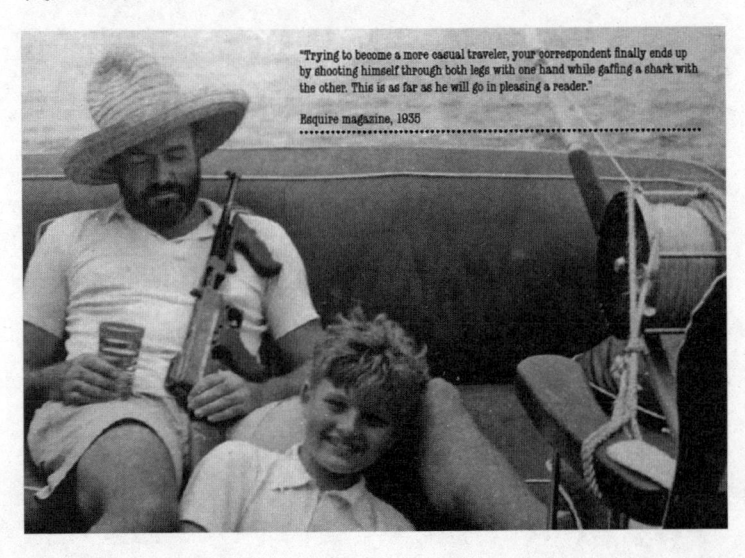

"Trying to become a more casual traveler, your correspondent finally ends up by shooting himself through both legs with one hand while gaffing a shark with the other. This is as far as he will go in pleasing a reader."

Esquire magazine, 1935

← 海明威和儿子

义战争，具有强烈的反战倾向。

进入 30 年代后，疾病和不测事故仍接连不断地袭击海明威。1930 年 5 月，他因练习拳击，右手食指受伤；8 月下旬在一个林场骑马时，因马脱缰而四肢和脸部都被树枝划破；两个月后，因车祸导致右臂严重骨折；1931 年夏天，视力出现障碍，开始戴上了眼镜；1932 年 4 月又感染了支气管肺炎。这些事故和病痛，使他失去了很多宝贵的创作时间，但他作品中塑造的一些不可战胜的硬汉子形象，却使生活中的他与他在文学上的造诣一样，更加引人关注。

与他的多灾多难的生活一样，海明威酷爱旅行也是众所周知的。他不断地奔波在世界的各个国家，似乎每一个地方都有可能成为他的下一个驿站，旅行已经成了海明威生活中极重要的内容。他对旅行中狩猎、

→"拳师"海明威

←海明威和波琳在基韦斯特的家中

斗牛、钓鱼、游泳等运动项目的迷恋，有时甚至到了如醉如痴的程度。

1931年11月，海明威与波琳的第二个孩子格雷戈里出生。不久，为了使海明威有一个完美的写作环境，波琳把格雷戈里托付给了保姆，自己全力以赴陪同海明威去欧洲和西部旅行，照顾他的生活，虽然海明威是个深爱孩子的温和的父亲，从不打骂孩子，闲暇时还照料孩子，但除了在《漂流中的岛屿》等几部作品中描写了孩子们幼时的趣事外，实际上，海明威能给予孩子的时间和爱都是不太多的。

1931年底，海明威一家搬到了位于怀特黑德街907号的一幢3层楼的房子。这幢房子建于19世纪中叶，原属于一位富有的建筑师和航运业巨头。屋内有高高的天花板、法国式弓形开阔的窗户，从门廊就能

世界文坛的传奇 **海明威**

→《午后之死》

看到街对面的灯塔,庭院里长着茂盛的榕树、无花果树和酸橙树。海明威的书房在2楼,凉爽而安静。他每天早上,一起来就在床上开始工作,一直干到中午。《午后之死》就是在这里完成的第一本书。这本书介绍了现代西班牙斗牛的壮观场面,描绘了从斗牛的流血到斗牛士击杀中的时刻等有关这一运动的各个方面的情况,书中配了60多幅黑白照片。这本书不仅是关于斗牛的专题论述,而且也是一部个人回忆录,一部关于文化的历史书。在写这部书之前,海明威于1931年5月对西班牙作了第17次,也是最后一次旅行。当时正好是阿方索国王退位、共和国成立,从君主政体到内战时期,是一个充满混乱和危机的过渡期的开端。海明威从1923年起就一直在关注这个国家的风土人情、历史政治、文学艺术,甚至包括食物、乞丐、钓鱼等,因而,《午后之死》对西班牙的描绘,抓住了这个国家的基本轮廓。对海明威来说,斗牛是战争在情感上的代替物,《午后之死》具有了对西班牙和已消失的青春的"挽歌"的意味。

经过与哈德莉离异、与波琳结婚、改信天主教、父亲自杀、移居基韦斯特、《永别了,武器》一书及改编后的电影给他带来的荣耀等一系列事件之后,海明威性格中消极的一面在30年代初期变得更加突出。

伴随着盛名和财富而来的是一连串的不测事件,评论界对《午后之死》的批评引起了他的敏感和好战情绪。离开巴黎后,海明威在基韦斯特和怀俄明州轮流居住,使他断绝了与全世界各地的文化联系和交流。他在佛罗里达州鹤立鸡群,被人们奉为英雄,变得喜欢夸夸其谈、爱摆架子、夸耀自己。他竭力使艺术和行动融为一体,使作家的敏锐性、洞察力和刚勇及运动技巧融为一体,使自身的孤独和公众声望融为一体。他既不想让他的生活服从于他的工作,又希望让生活实践不断提高他的写作

← 海明威在阅读

世界文坛的传奇　**海明威**

→「硬汉」海明威

艺术。他希望自己既有金钱，又能保持清白，既生活得优裕，又能顺利地写作，他所塑造的公众形象——在战斗、狩猎、恋爱和写作方面完美无缺的人——使人们对海明威本人更感兴趣，把他当作获得大量盈利的成功典型和文学界的英雄，使他的作品更广为人知。但同时，这种心造的幻影使他不堪承受，并最终也毁了他。海明威不愿意使他自己或他的读者的期望落空，只要他感到难于否定或肯定他生活中的某些事实，他就不得不创造一种激动人心和富于想象力的场面来替代平凡的现实。他的夸张、谎言和英雄形象都涉及他青年时代的作品中富于开拓进取精神的传说和神话，他不仅为自己创造神话，而且似乎也相信这些神话，他将谎言变成了传奇，自己深信不疑。当他身患重病，

无力再演绎这些传奇并使自己为之自豪的时候，只好选择死亡。这也许是导致他自戕的一种深层次心理动因吧。

而在当时，"军人"、"名作家"、有责任心的"爸爸"、"斗牛士"、"拳师"、"勇士"等是海明威在公众中树立起来的形象，有关他的种种传说已经占据了统治地位，并取代了现实生活中真实的海明威。海明威十分清楚地意识到成功可能会像失败一样地丢脸，堕落和有负众望都十分危险，因此，他在给他作品的有关编辑的信中说，他总是极力避免对他进行宣传和评论，以便使主观的情感作用不致影响对作品的评价。他曾说："我希望成为一个正直的作家，并希望别人这样评价我"。但财富和名誉却使他无法巧妙地把握住自己的公众形象，他自己做不到既吸引公众的注意、声誉日增，同时又无损于他做人的正直和善良美德。他的毁灭也就成为一种宿命的必然。

← "军人"海明威

世界文坛的传奇　**海明威**

让创造之光迸发

> 取得成就时坚持不懈，要比遭到失败时顽强不屈更重要。
> ——拉罗什弗科

1933年8月至1934年3月，海明威和波琳去欧洲和非洲旅行。这期间，他于1933年10月出版了小说集《胜利无所得》。这部集子收入了14篇小说，其中的人物主要是一些士兵、罪犯、斗牛士等，主题也没有离

↑1934年，海明威与妻子波琳乘巴黎号邮轮到达纽约港。

← 捕鱼收获后的海明威

开离婚、绝望、死亡等,暴露了海明威的实际生活和他的艺术内涵之间的日益扩大的矛盾。小说集出版后,第一个月就卖出了1万多册。小说家威廉·普洛默在谈到这部集子时中肯地指出:"在一定程度上说,这就是我们这个时代——战争、持久危机和精神紊乱的时代的虚无主义,不过伴随着这种虚无主义的往往还有生动的活力。"

《胜利无所得》中最精彩的作品是《你绝不是这样》《一个清洁而又明亮的地方》以及《父与子》。《你绝不是这样》描述了主人公尼克·亚当斯在战斗中受伤后的弹震症和心理崩溃,写的是战争的幻觉与恐怖。《一个清洁而又明亮的地方》则用含蓄微讽的笔调,通过一系列截然相反的矛盾组合,展示了光与影、沉睡

世界文坛的传奇　**海明威**

↑1937年，海明威在非洲的野生动物园。

与失眠、信心与绝望、尊严与堕落、生与死等主题。结构紧凑、充满激情，十分动人。《父与子》是海明威最涉及个人的、最富于启示的小说，描述的是代与代之间的冲突。

　　1933年11月22日，海明威夫妇乘"麦青格将军号"轮船从马赛通过苏伊士运河进入印度洋，最后于12月8日到达蒙巴萨。在这里，他们幸运地找到了一位叫菲利普·珀西瓦尔的白人猎手，此人曾与丘吉尔和罗斯福共猎，枪法极好，富于智慧，且又宽宏大量。他曾多年任职业猎手协会主席，是《非洲的青山》中波普的生活原型。海明威和波琳在珀西瓦尔的农场附近打了几天猎，于12月20日动身往南，到坦噶尼喀的

文学艺术家卷　065

塞伦盖蒂平原。这儿邻近圆锥形的乞力马扎罗山，山上有成千上万的野生动物，海明威在这里大显身手。1934年1月中旬，海明威得了严重的阿米巴痢疾，不得已中止了狩猎旅行，乘飞机去内罗毕治疗，一周后才返回坦噶尼喀。他病重时来救援他的那架飞机在去内罗毕的途中曾飞越非洲最高的山峰，这场景后来出现在《乞力马扎罗的雪》结尾哈里的梦中。海明威在非洲待了两个多月，雨季来临时，狩猎才结束。3月底，他们乘船回纽约。

回到基韦斯特后，海明威立即着手创作《非洲的青山》。他描述了在自然状态下接近野兽时的兴奋和对糟蹋才能和腐化堕落的恐惧。《非洲的青山》是按照小说的方式写成的，没有一点虚构的成分，从体裁上看，颇像现在的报告文学。《非洲的青山》在1935年1月完稿，斯克里布纳出版社用5000美元买下书稿，先在杂志上连载，这年10月出版单行本。书中的情节和事迹虽然没有虚构，当地土著人的名字也用了真名实姓，但主要人物却一律改了名字：菲利普取名"波普"，汤姆逊取名"卡尔"，波琳被称为"老妈妈"，他自称为爸。早在1931年，海明威给麦克利什写信就开始称呼自己为"老爸"了。

《非洲的青山》共有200多页。对非洲大陆风土人情、自然景物的描绘和狩猎活动的真实记述,是其基本内容,大约占了四分之三的篇幅。海明威在书中说得明白:"我爱非洲。我爱这个地方,我觉得很自在。一个人在自己出生地之外的某个地方觉得很自在,就应该到那个地方去。"余下的四分之一是讲美国文学和文学创作的。关于狩猎部分,海明威没有写猎获大动物的惊险场景,他着墨最多的是怎样跟随当地人,在没有人迹的荒山野岭、森林草原寻找野牛、犀牛、羚羊、狮子等动物的足迹。

这篇小说在《斯克里布纳》杂志上连载后,于1935年10月首次出版。评论家们认为,海明威的作品逃避现实,回避大萧条中政治的与经济的问题,沉湎

→ 海明威在非洲打猎

于猎取活物和死亡。海明威虽然一向看不起评论家，称他们是"文学上的寄生虫"，但他还是认真地思考了他们的意见。这从后来的《有的和没有的》等作品中表现出来的社会责任感可以得到印证。

在海明威看来，打猎和写作有许多相同之处，它们都需要勇气、毅力和忍受孤独，孤军奋战的精神，这与通俗杂志上那种叫人眼红的风头、高额的报酬和奢侈的生活是有冲突的。他希望自己写得好些、真实些，保持艺术上的纯洁性。1936年，当非洲狩猎旅行的兴奋冷却下来后，海明威开始重新审视、客观地评价这次经历和感受，于是诞生了两部杰作，这就是《弗朗西斯·麦康伯短促快乐的一生》和《乞力马扎罗的雪》。

海明威认为小说必须基于真实的经历。真正的作家总是从现实开始，而创造出来的东西又应比原来的事实更有意义。他曾说过："好的作品是真实的作品，要写成一篇小说，它真实的程度应与他的生活知识积累以及他的敏悟力成正比。因此，当他虚构的时候，也应和真实的一样"。在1942年发表的《战争中的人们》序言中，海明威又强调说："作家的任务就是讲真话。他忠于真实的标准应是很高的，因此他根据自己的经验进行的虚构，应当比实际可能发生的事实更真

世界文坛的传奇　海明威

实。"完成于1936年4月的《弗朗西斯·麦康伯短促快乐的一生》，就是取材于当地发生的一桩真实的事件。报纸隐瞒了这桩凶杀案的真情，英国政府也刻意粉饰，而这些不仅给了海明威创作的灵感，同时也给他留下了广阔的想象空间。《麦康柏短促而幸福的生活》所写的故事，是海明威根据狩猎指导菲利普讲的故事衍化而成的。小说的故事梗概：麦康柏夫妇到非洲去打猎，有一次麦康柏追捕一头受伤的狮子，狮子反扑过来，吓得他仓皇逃跑，妻子羞辱他是"胆小鬼"。他受妻子耻辱后变得勇敢起来。第二天当受伤的公牛向麦康柏冲过来时，他毫不畏惧地举起枪要射击，妻子从他背后开枪打死了他。麦康柏因为变得勇敢而感到幸福，可惜这幸福十分短暂。善良的男人死在了阴毒的妻子枪下。海明威通过猎人威尔逊的嘴说："我对她们那套毒辣的手段已经看够啦。"

如果说在《非洲的青山》中，海明威

→《乞力马扎罗的雪》

文学艺术家卷　069

海明威的渔船『皮拉尔』号

凭自己的天才已经意识到腐化堕落的危险，可同时对自己又缺乏自知之明，或有自知之明而没有直面它的勇气，而在《乞力马扎罗山的雪》中的海明威，毫无疑问是对先前那个海明威的沉痛清算。

《乞力马扎罗的雪》像《弗朗西斯·麦康伯短促快乐的一生》一样，把历史的和文学的素材成功地和个人经验融合起来，塑造了小说人物。刚入中年的哈里因一个无足轻重的原因而染上恶疾，奄奄待毙。他在回忆当初天真纯洁的快乐往事，以暂时忘掉眼前的痛苦。面对必死的命运，他开始反省批判自己的过去。作品将哈里的潜在创作能力与现实的悲惨失败相对照，将雪的形象与死的主题联系起来，刻画了真实自然的生活，揭示了被醇酒、女人和金钱腐蚀的主题。

世界文坛的传奇　**海明威**

→海明威在驾驶『皮拉尔』号

　　海明威经常到深海去钓鱼，每次出海不是搭乘朋友的船就是租用别人的船。海明威觉得这样做既不方便，也有失身价。1934年4月，海明威夫妇便到迈阿密造船厂付了3300美元订金，订购了一条经得住深海风浪的渔船。在返回基威斯特的路上，海明威就给这条还在图纸上的渔船取名"皮拉尔"号。

　　一个月后，船厂交货。当海明威看到漂亮的新渔船停在迈阿密港湾时，他心花怒放。"皮拉尔"号渔船长38英尺，宽12英尺，吃水3.5英尺。船顶是绿色，船体黑色。有两台发动机，时速16海里，一次可装300加仑汽油，可连续航行500海里。船舱可容纳6人，舵手座位旁边还可坐两人，过道、围栏全部镀镍，光彩照人。海明威又交付了造价7500美元的剩余部分，

文学艺术家卷　071

便驾驶着自己心爱的渔船回了基威斯特。从此,海明威一有空闲,或兴致一来就邀上朋友到深海钓鱼。这时,波琳在海明威心中的地位,逐渐被"皮拉尔"号所代替。

1935年4月,海明威乘船到离基韦斯特220英里远的比米尼岛,租了一位商人的房子,留作捕鱼时居住。

4月初,海明威约卜帕索斯夫妇等朋友,驾着自己心爱的"皮拉尔"号渔船到比米尼岛去度假钓鱼。比米尼小岛位于基威斯特东北220英里,迈阿密以东45英里,是钓鱼度假的好地方,所以来此钓鱼的人很多。

5月的一天,海明威钓到了一条大金枪鱼,与其周旋了很长时间之后,在黄昏时分终于把鱼拉出了水面。海明威用鱼叉猛刺鱼背,没有刺中,鱼又潜回深水。这时天色已晚,忽然乌云翻滚,大雨将至。周围的小渔船纷纷驶回港湾,海明威心里非常着急,他使尽力气想把鱼拖上来。就在这时,几条大鲨鱼出现在金枪鱼的周围,只听见一阵俐齿咬嚼的"喳喳"声,水面刹那间便变成血红一片。最后当海明威把大金枪鱼拖上船舷,他发现除了鱼头、鱼尾、鱼骨架,其余的都已荡然无存。这件事成了海明威日后写《老人与海》的原始材料。

6月初,海明威钓到一条大鲨鱼。这条鲨鱼与海明

世界文坛的传奇　**海明威**

←海明威在展示他钓到的鲨鱼

威周旋了一个小时，终于被他拉出水面，拖进船舱。经过称量，重达785磅，只差12磅就赶上世界纪录。海明威洋洋得意之状可想而知。

1935年9月，一场时速200英里的特大飓风和17英尺高的巨浪袭击了离基韦斯特不远的民用资源保护公司的所在地，成百的退役军人丧生。海明威在给《新群众》杂志写的文章中，报道了这一悲惨事件。这场自然灾难加深了他对社会与政治的理解，激发了他创作富于战斗性的伟大作品的激情。

1937年，海明威完成了唯一一部以美国为背景的长篇小说《有的和没有的》。这部小说由3部分组成，表现了他对人类苦难的思考与同情。但由于结构松散、风格不统一、主题过于直露而受到了评论界的批评。尽管如此，小说还是在出版后(1937年10月)的头5个

月中售出了3万多本。

1936年底，海明威与玛莎·盖尔霍恩相识于醉乔酒吧，两人一见钟情。第二年，他们结伴赴西班牙，采访报道西班牙内战情况。

玛莎出身于圣路易斯大家族，受过良好的教育，父亲生前是位医生。她生于1908年，比海明威小9岁，身材颀长苗条，蓝眼金发，聪明有能力，野心勃勃，20世纪30年代初期，曾在美国和欧洲当过记者，并写过两本书。她的第一部小说《疯狂的追求》，卷首引语是"勇敢者出不了事"，这句话出自海明威的《永别了，武器》。玛莎早就崇敬海明威，特意从他的小说里摘了这一句话。海明威是1936年圣诞节期间在迈阿密偶然认识玛莎的，其时玛莎陪母亲和弟弟来此旅游。玛莎美丽的容貌、颀长的身材、青春的活力和激情的个性深深吸引了海明威；而海明威伟岸的形象、雄健的气概、机智的谈吐和如日东升的声誉也赢得了玛莎的芳心。

海明威的第三任妻子，玛莎·盖尔霍恩（1908—1998），小说家，游记作家，新闻记者。

当时的西班牙，

世界文坛的传奇　**海明威**

佛朗哥的法西斯派发动了一次"右翼革命",反对共和政府。海明威在玛莎的鼓舞下,不顾一切地想要第三次参加战争,献身于共和派从事的事业。他与北美报纸联盟签订合同,作为该联盟的战地记者,于1937年到1938年期间,共在西班牙逗留了大约8个月。他对1937年3月至5月的围攻马德里之战不仅做了报道,还据此创作了电影剧本《西班牙的土地》。同年9月到12月,他在马德里向国内发回了许多通讯,并写下了电影剧本《第五纵队》。1938年3月至5月,海明威报道了埃布罗三角洲的战役。夏季回国写有关西班牙的文章与小说,修改剧本并发表了《第五纵队》及一些短篇小说。1938年11月,战地记者合同期满,他回国根据巴塞罗那陷落的过程,写下了著名的小说《丧钟为谁而鸣》。海明威在西班牙作记者的经验,使他得以摆脱文学上的僵化,启发了他的创作,标志着他又一个创作高峰期的到来。

1937年,海明威与荷兰著名电影导演约里

→ 海明威和玛莎

斯·伊文思合作，拍摄了电影《西班牙的土地》，并与伊文思及摄影师约翰·费思豪特（简称费诺）成了患难之交。《西班牙的土地》用了3个月时间于1937年4月完成，共用了13000美元，海明威付了其费用的1/3。海明威亲自写了其中的解说词，他那短小精悍的句子和颇具特色的含蓄的文风对后来记录影片影响很大。影片表达了渴望在西班牙战争中垦拓西班牙土地的主题。他写道："我们通过民主选举，获得了耕种我们自己土地的权利。现在军人集团和还乡地主进攻我们，想把我们的土地重新从我们手中夺走。我们为了获得灌溉和耕种这片西班牙土地的权利而战，而贵族们仅仅为了他们的享乐就任其荒芜。"《西班牙的土地》剧组从40盘西班牙民间音乐录音带里剪辑出了影片的声带。海明威还亲自解说了这部片子，他的声音带着一种任何别人都无法传达的感情，语调自然，使银幕上紧张的场面表现得更加真实可信。这部片子打动了许多人，激起了人们对西班牙战事的关注。

← 海明威和玛莎

世界文坛的传奇　**海明威**

　　1937年6月4日，海明威在"美国作家同盟大会"上，向3500名听众作了《作家与战争》的反法西斯演说。他指出："真正优秀的作家，在几乎任何他们能够容忍的现行政府的制度下都能有所作为。只有一种形式的政府不能产生好作家，那就是法西斯制度。因为法西斯主义是一群暴徒撒的谎，不说谎的作家不能在法西斯主义下生活或工作。"这番演讲表达了一名正直作家的政治主张和价值观。7月8日，海明威中断了《有的和没有的》的写作，从基韦斯特飞到华盛顿，在白宫给富兰克林和埃莉诺·罗斯福放映了《西班牙的土地》。7月10日，海明威和伊文思飞到洛杉矶，在一位知名人士家中放映了这部影片，集资为西班牙购买救护车。这次，他们共获得了17000美元捐款，加上放映影片得的2000美元，在底特律福特工厂共定做了20多辆救护车底盘。

　　9月初，当海明威再次来到西班牙时，佛朗哥的军队已经占领了北部海岸，控制了全国的2/3。他和朋友们走访了阿拉贡战线，目睹了共和派军队攻下特鲁埃尔的经过，12月，他们与胜利的部队一起进城。当时的条件异常艰苦，天气寒冷，有时一连24小时开车、干活、写稿子，在12天的时间里，共驱车走了近3000英里。

在西班牙内战十分激烈的时候，海明威在遭受炮火轰击的佛罗里达旅馆写下了他的剧本《第五纵队》。1938年春，法西斯扑向地中海，占领了海岸公路上的托尔托萨，切断了马德里和共和派掌握的最后一个城市巴塞罗那的通讯往来。海明威采访了其中的一次战斗。1938年7月，他在一篇80年代才公开发表的通讯中，抨击了法西斯主义者的卑劣："他们杀人有两个目的，摧毁西班牙人民的士气，并试验各种炸弹的性能；为德、意即将发动的战争做准备。"

1939年9月，海明威与波琳离婚。随后，他与玛莎一起到了巴黎。10月，《第五纵队》发表，并于1939年底被拍成电影。

1940年春，西班牙共和派遭到失败，第二次世界大战又开始了。正在西班牙采访的海明威因所拥护的一派在战争中失败，失去了对政治的兴趣。然而他敏锐的观察力却也使他的经历成就了一部关于西班牙战争的伟大小说《丧钟为谁而鸣》。

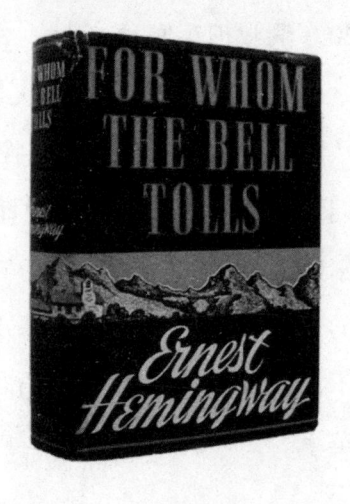

← 《丧钟为谁而鸣》

世界文坛的传奇　海明威

成就强者的辉煌

> 通向荣誉的路上并不铺满鲜花。
> ——但　丁
> 不经艰苦就得不到桂冠，不经磨难就得不到成就，不经灾祸就得不到荣誉。
> ——潘　恩

自从1928年到基韦斯特岛后，海明威经常渡海到古巴去写作和捕鱼。1939年，他迁居到这个早已熟悉的岛上来，在哈瓦那住了20年。

→ 海明威在古巴的故居"眺望山庄"

文学艺术家卷　079

←海明威在古巴故居的大厅

　　海明威十分喜爱哈瓦那城外凉爽的高山、遍地的花园和菜园、来往的候鸟、狩猎俱乐部、垒球队以及不拘形式礼仪的习惯和幽静的工作环境。这里缺少文化生活，也没有人把海明威当作家看待，他混迹于游艇上和酒吧间，与一群年轻人在一起，生活得很快活。这年春天，海明威与玛莎在哈瓦那东南12英里的一个村里找了幢豪华宽敞的住房住了下来。1940年12月，用《丧钟为谁而鸣》的初版稿费，买下了这幢名为"眺望山庄"的房屋。

　　迁居哈瓦那后的海明威，交往的不再是作家和竞争对手，而是水手和喜欢户外活动的人，是一些有一技之长的硬汉子。他们可以分成两类：一类是家资丰足、文化修养高的富豪，他们的共同兴趣是捕鱼和打猎，通常用英语谈话。另一类是食客等，这些人同他说话时用西班牙语。海明威过40岁生日时，一位叫察切斯的朋友在家为他举行了盛大的祝寿晚会。他情绪高涨，喝得烂醉，旁若无人地沉浸在自己的世界里。

人到中年的海明威，学会了从一个旁观者而不是参加者的角度去观察战争，同时把战争展示给那些没有参加过战争但渴望了解战争的美国人。在创作《丧钟为谁而鸣》的时候，他的创作思想也发生了极大的变化——从刻画个人到描写一场民族战争，从个人"分离的平静"产生的悲观失望到创造出"与人类息息相关"的英雄。书中展示了广阔的视野、史诗般的气势、对人物与文化栩栩如生的描写，以及对战场上的激战与战后的平静回忆等交替出现的意象，具有较丰富的自传、历史、民族和地理的内容。在创作上，这部作品与托尔斯泰的《战争与和平》有许多相似之处。小说描写的是1937年

→海明威在用打字机写作

5月里3天的活动。事情发生在马德里西北埃尔埃斯科里亚尔和塞戈维亚之间的瓜达拉马山区，围绕主人公乔丹奉命炸桥的事件，描写了一系列人物和故事，悬念丰富，结构严谨。小说于1940年10月出版，受到读者和大多数评论家的欢迎和好评，5月内就售出50多万册。人们普遍认为，这部小说实现了海明威在《有的和没有的》一书中的许诺，具备了一种新的社会和政治意识，它弥补了读者对海明威在30年代的作品的失望，恢复了作者在文坛上的声誉。后来，这部作品以10万美元的高价被派拉蒙影片公司买下版权，改编成电影。

1939年9月，海明威与波琳离婚后迁到了爱达荷。从此他便在哈瓦那和爱达荷的小镇凯彻姆度过了余生。这里，西面有一个新建的滑雪中心太阳谷镇。从1939年起，这个滑雪中心便以在广告中使用海明威名字为交换条件，支付海明威在该地的一切费用，后来，海明威在凯彻姆买下一所房屋，秋冬季节在太阳谷和凯彻姆轮流居住。

1940年11月，海明威和玛莎结婚。这位聪明美丽的作家、记者不愿意为家庭而放弃事业，婚后仍坚持继续工作。这引起了海明威的不满，加上两人性格不合，因此关系时好时坏。

世界文坛的传奇　**海明威**

→ 海明威和玛莎

在结婚之前，玛莎要求她曾为之工作过的《矿工》杂志派她到正在抗击日寇侵略的中国去采访，获得了允许。玛莎希望海明威陪她一起去。海明威当时对此似乎兴趣不大，但为了不拂爱妻的美意，才答应一起到中国等地去度他们未度完的蜜月。恰好这时《午报》刚刚创办，它需要有著名的记者来为它增光添彩，扩大报纸影响，海明威也正好需要找一份赴远东的差事陪他的妻子。于是，海明威接受报纸总编辑英格索尔的邀请，到中国等远东国家采访，为报纸作系列报道。海明威与报社签订了合同，作为报社的特约记者前往报道中国人民的抗日战争及其有关的事项。临行前，英格索尔希望海明威就6个方面的问题做一些具体的考察和了解：中国与日本的战争进行得怎样；中国发生内战的可能性有多大；苏日条约签订后有什么影响；美国在远东的地位怎样；造成美日开战的因素将是什

么；如何避免美日开战而将日本拖在远东。这些问题同欧洲战场的形势密切相关。当时德国法西斯已经占领了许多国家，准备向苏联发动进攻，美国仍在观望。在亚洲，中日之战处于相持阶段，日本尚不能脱身进犯东南亚。如果日军南下，将侵犯美国利益，美日之间难免爆发战争。英格索尔提出的这些问题都是当时美国民众最关心的问题。

1941年3月25日，他们开始到中国内地，一路上他们坐飞机、乘汽车、骑马、坐船，最后到达重庆。他们会晤了蒋介石、孔祥熙、周恩来等国共两党要人。两个星期后，经昆明、仰光、新加坡、中国香港、马尼拉等地回到纽约。回国后，海明威写了6篇关于中国抗战的报道：《苏日签订条约》《日本必须征服中国》《美国对中国的援助》《日本在中国的地位》《中国空军急需加强》和《中国加紧修建

1941年，海明威（右一）和妻子玛莎（左二）准备前往中国。

机场》。这些报道分别发表在1941年6月10日至18日的纽约《午报》上。同时海明威还写给美国政府一份关于国共关系紧张的详细报告。夫妇二人也曾一起到华盛顿去回答关于中国问题的咨询。海明威的报告说，这场战争之后，共产党人一定会接管中国，因为在那个国家里最优秀的人是共产党人。他在报告中批评了蒋介石对内排除异己的政策，把日本看作是"皮肤病"，而把"中国赤祸"视为"心腹之患"。

　　海明威在给摩根索写的报告中详细谈了访华观感和他对国共两党冲突的见解，并提出了解决办法："为

→ 海明威和玛莎

使整个事情尽可能简单化，我想我们可以肯定一点：除非苏联与重庆政府达成某种协议，规定中国的一部分为真正的'苏区'，并划定国共双方都遵守的可防御的边界，否则国共之间的战争不可避免。我相信，如果我们的代表们在任何时候都能清楚地表明我们不对内战提供任何资助，我们就能无限期地拖延重庆政府和共产党人之间全面内战的爆发。"至于美日之战会不会开战，海明威告诉英格索尔，这只是一个时间问题。时间对美国人有利，对日本人来说，时间正在消失。没有人能预料，战略决战何时到来。

历史表明，海明威的看法极有见地。遗憾的是美国政府却最终选择了扶蒋反共的政策，到头来弄得鸡飞蛋打。

在玛莎称之为"极其恐怖的旅行"中，海明威表现得坚韧不拔，镇静、灵活、耐心，但并没有真正对中国产生兴趣。这次旅行后，他不仅没能像以往一样写出好的作品来，反而陷入了时间最长的文思枯竭的境地。他远离从前的文学界朋友，也远离对现实社会和政治的观察，与玛莎及孩子们疏远隔别，生活闲适无为，难于集中精力创作。他觉得《丧钟为谁而鸣》耗尽了他的精力，读者过高的期望值使他不敢再轻易动笔，生怕下一部小说难负众望。对他个人所进行的

广泛宣扬，压抑了他天生的敏锐，巨额的稿费，也扼杀了他写作的经济上的动力，因为他很有钱，不需要再去挣了。由于创作不出作品产生的懊丧恼怒，增加了他与玛莎之间的摩擦，1944年12月，两人在痛苦和怨恨中分手。

1942年8月，无所事事的海明威建立了一个业余的，但经过精选的情报组织。这个被称为"骗子工厂"的谍报组织在美国联邦调查局的干预下，仅仅存在了一年多便瓦解了。

1944年5月，海明威初次也是唯一一次来到伦敦，他是怀着一定的敌视态度到达外祖父的祖国的。在内心深处，他认为在西班牙的英国志愿军打仗打得不好，许多人当了逃兵。在伦敦，他接触到了美国记者团，并认识了作家欧文·肖的情人、新闻记者玛丽·韦尔什。一年以后，玛丽·韦尔什成了海明威第四位妻子，她是与海明威生活时间最长的一位妻子，并陪伴海明威走完了最后的生命旅程。在英期间，海明威又因事故而受伤。有一天晚上，在参加完宴会回道切斯特饭店的途中，他坐的汽车撞到一个水箱上，海明威的头碰在汽车的挡风玻璃上，缝了57针，得了严重的脑震荡。伴随这次受伤而来的，是他与玛莎婚姻的破裂。

玛丽的身材娇小玲珑，虽然称不上是个标致的美

←海明威和第四任妻子玛丽·韦尔士

人，却体态丰满迷人，而且热情奔放，善解人意，逗人喜爱。她和多数女人一样，极易对有名的男人动情。海明威以闪电般的速度取代了欧文·肖，成了玛丽的情人。在海明威出车祸住院的几天，玛丽的关怀成了他最大的欣慰与幸福。

盟军解放了巴黎之后，海明威与玛丽同住在瑞兹饭店，两个人成了难舍难分的情侣。甜蜜的爱情使海明威诗兴大发，写下了两首难得的情诗，其中一首是："用钥匙轻轻地转动，把门启开／，悄悄地进来了，那么温柔可爱／吻一吻手和眼睛／让死去了的心复苏／驱散寂寞和烦恼。"

出院以后，他随英国皇家空军一同飞去看1944年6月6日在诺曼底地区的登陆，并报道法国战况。他曾对战争怀着格外的偏爱，曾认为战争是最好的户外活动和极有竞争性的拼搏，但第二次世界大战使得他从嗜血的欲望中解脱出来，对战争、流血、死亡的思考也变得更加理性化。

8月初，海明威乘坐的摩托车遭到德军反坦克炮的轰击，他躲避不及，被机关枪弹击中，头部撞在了路

→ 海明威和崇拜者在一起

←海明威和出版商

边一块巨石上又发生了脑震荡。之后,他又参加了许多次战斗,他把这些经历写进了小说《过河入林》及一些通讯中。

1946年3月,海明威与玛丽结婚。1947年4月,他的儿子帕特里克和格雷戈里发生车祸,接着帕特里克精神崩溃,海明威只能用对儿子的精心照料来减轻心里的痛苦和无能为力的歉疚。接着,1947年8月,过于肥胖而又经历一连串事故和意外打击的海明威出现高血压的症状,从此,健康状况则每况愈下。

世界文坛的传奇　**海明威**

←海明威与两个儿子在逗小猫

海明威曾在给玛丽的一封信中把他的朋友分成两类：一类是有知识的"头号"朋友，一类是打猎和酒肉的朋友。他对感情的需要是根深蒂固的，但他的友谊却很少能保持恒久。这一方面是由于他及人类的弱点导致的对友情的伤害，另一方面，疾病、死亡乃至时间都是友情的杀手，而人们对此却毫无办法。1947年6月17日，著名编辑马克斯韦尔·珀金斯因心脏病发作去世，撤走了自1926年以来一直维护海明威的一个坚实支柱。1948年8月，他的律师、油画收藏家莫里斯·斯派泽死于癌症。随后的几年中，他的母亲、前妻波琳等先后辞世，他变得越发孤独，而疾病和事故又频频出现在他的生活中。1949年3月，在威尼斯北部的一个滑雪胜地，海明威感染了一种病毒性的发热皮肤病，不得不住院治疗。第二年，皮肤再次感染，5月发展成良性肿瘤。7月，他在"皮拉尔"号上摔倒受伤，9月，一战期间留在体内的弹片导致了腿痛的发作。他的体力明显下降,只好越发大量地饮酒。

1948年9月,海明威与玛丽乘哈瓦那开往热那亚的波兰船"哈吉罗号"开始了战后的欧洲旅行。11月,他恢复了创作,并重新访问了年轻时受过伤的地方——福萨尔塔。1949年5月返回古巴。这期间,一个

美国出版史上具有"天才编辑"之称的马克斯韦尔·珀金斯(1884—1947),是美国出版史上最为知名的编辑,他曾为海明威、菲茨杰拉德等著名作家担任编辑。

叫阿德里安娜的年轻姑娘的出现，给了海明威许多创作灵感。这份感情虽然给海明威的家庭带来了一定的冲击，但他毕竟是一位理智的、严肃的作家，而不是道德败坏的花花公子，他把阿德里安娜当作女儿，她成了海明威小说的创造物和失去的青春，寄托着海明威对春天，对过去，对创伤的回忆和迷恋，在更大程度上，她是作为一个理想中的偶像生活在海明威的作品中。

《过河入林》于1950年9月第一次出版。这是海明威小说中很具有个性和启示的一部书，但也是遭到批评最激烈的作品。几乎所有严肃的评论家都谴责它，至今还被认为是海明威最糟的一部小说。总起来说，

这是由海明威的好友罗伯特·卡帕1941年拍摄的摄影作品《打猎归来的海明威及其幼子格雷戈里》。

这部小说之所以受到这样敌意的对待有4个原因：一是海明威与评论界的疏远；二是这部小说与他当时的地位之间距离太大；三是由于书中对一位将军做了过分写实的描述；最重要的，是海明威个人传奇的衰落。这些因素导致了人们对小说的曲解。

《过河入林》描述了海明威在两次大战中经历的画面。一种在同一场所的新近的记忆和久远的回想的混合物。海明威喜欢在小说家和军人的生活中画一条平行线，这部作品中主人公坎特韦尔对失败的忏悔，显示了心中的空虚，也许还是海明威对自己的失望的曲折反映，是他在一场难忘的事业成就后的力量的退化和面对失败和死亡时的感受。

1946年到1947年间，海明威开始创作《漂流中的岛屿》。50年代初中断，在生命的最后10年，他把它存放在一家银行的地下保险库里。70年代，由玛丽等编辑出版。

← 《过河入林》

世界文坛的传奇　**海明威**

跨越荣誉的巅峰

人的灵魂表现在他的事业上。
——易卜生
只有为人类幸福而劳动，才能带来真正的和无上的光荣。
——塞姆涅尔

虽然从20世纪40年代起，海明威没有创作出更优秀的作品来，使他的心情变得很坏，而且更加敏感、

→ 海明威在写作

文学艺术家卷　095

好战，对评论界缺少应有的宽容，但他却始终不懈地探寻着适合自己的创作题材、思想、技巧等。经过长时间的积累和磨砺，加上阿德里安娜的启迪，海明威的创造力再次爆发，他希望能在《过河入林》遭到灾难性的批评之后，恢复他的名誉。结果正如他所期待的，完成于1951年2月的中篇小说《老人与海》以其自然质朴的风格为他赢得了成功和荣誉。"当月书俱乐部"担保2.1万美元，并且第一版就订购了15.3万本。《生活》杂志以4万美元购得连载权，1952年9月1日登载了2.7万字，两天内杂志售出了530万份。一个星期后，斯克里布纳的第一版出版后，各书店抢着订购，它保持在畅销书单上达半年之久。在法国、意大利、德国和日本的学校中，《老人与海》被作为英语教科书。海明威每年可以获得10万美元的国外版税。一位评论者认为"海明威的《老人与海》是海洋的牧歌……散文中表现了诗那样的平静和迷人。没有哪一个真正的艺术家使用象征或者使用讽喻(而海明威是一

← 《老人与海》海报

个真正的艺术家),但是每一本真正的艺术作品又散发出象征与讽喻。这部杰作就是这样。"吉尔伯特·海特强调了作品的史诗模式:"一位英雄从事艰难的工作,如果他不能胜任也是由于运气不好,受伤、踌躇,或者年迈。他付出极大的努力,成功了。但是在他的成功里,他失去了极好的东西本身或者失去了最后的胜利。"这部小说描写了一个不屈不挠、谨慎而富有同情心的主人公"老海碰子"的形象。他壮丽的奋斗、高尚的生活理想以及令人啼笑皆非的结局,反映了人类的生存与发展中的许多实际情况。1952年5月,《老人与海》获普利策奖。利兰·海沃德公司以15万美元购买了版权。1958年,改编成电影发行。

1953年6月底,海明威与玛丽乘"弗兰德号"船从纽约起航,开始了他的第二次非洲游猎。在去非洲之前,他们在潘普洛纳、马德里、巴黎等地逗留了一段时间。《展望》杂志

→ 打猎后的海明威

为他这次游猎提供赞助，并付1.5万美元拍摄他这次游猎的故事片。另付1万美元购买他一篇3500字的文章。8月在内罗毕，海明威见到了《展望》杂志的摄影师厄尔·泰斯及一些朋友，年近70的菲利普·珀西瓦尔再次出山与海明威共猎。10月，海明威去坦噶尼喀看望了在那里工作生活的儿子帕特里克，并缓解游猎的紧张情绪，随后给《展望》杂志交了一篇题为《游猎》的文章，算是交了差，他自己留下了20万字的《非洲日记》，其中的1/4，经玛丽整理于20世纪70年代在杂志上连载。

1954年1月，海明威包了一架小飞机飞越东非壮丽的湖和山，在靠近乞力马扎罗山时，这架双引擎飞机的液压系统失灵，开动不起来了，但飞机未被烧毁，一场虚惊过后，他们幸运地飞回内罗毕。随后，他们乘坐一架切塞纳180式飞机从内罗毕西途经卢旺达、刚果等飞到维多利亚湖南岸的姆万扎，然后向北飞，越过爱德华湖和艾伯特湖到乌干达著名的默奇森瀑布。

← 1954年，海明威在古巴住所书房中。

世界文坛的传奇　**海明威**

1月23日，飞机遇到了一群大朱鹭鸟，失去控制被迫强行着陆。玛丽摔断了两根肋骨，海明威扭伤了右肩。前来搜寻他们的人看到了飞机的残骸，回去报告说他们都死了。第二天，他们遇到了一条船，被送到艾伯特湖东海岸的一个城市，被正在搜寻他们的飞机找到，他们决定搭机飞往乌干达首都。但厄运再次降临。海明威后来追述道："飞机无缘无故地自己飞了起来，不过也就只几秒钟的时间。然后又猛烈地下降，只听到我们已经非常熟悉的异常声音，是金属断裂的声音！

→ 海明威和妻子玛丽在一起

只一刹那我们就看到古舷的引擎正在腾起一股火焰。"玛丽和驾驶员等赶紧从踢破的前窗中逃了出去。过于肥胖的海明威出不去，只好找到被堵住的客舱的门，用头去撞门，结果不仅脑壳破了，脊椎骨上的两个椎间盘断裂了，右臂与肩脱了臼，肝、右肾、脾等也破裂了，双臂、脸和头被火焰灼伤，视力和听力受到了损伤，而且又一次被撞成了脑震荡。在突如其来的事故面前，海明威再次凭着过人的忍耐力、勇敢和运气而死里逃生。得知出事的消息后，帕特里克借钱租了一架飞机将他们送到了内罗毕。

出事第二天下午2时28分，美联社宣告："海明威和他的妻子昨日在乌干达西北部一架飞机坠落之时想已死亡。"《纽约每日镜报》末版的头条新闻是："海明威及其妻子死于空难"。1月25日，《纽约先驱论坛报》及世界各地报纸都过早地登载了海明威的讣告。海明威后来把这讣告存入两本美观的剪贴簿里，用斑马皮和狮子皮包着剪贴簿。这两次近于致命的空难中九死一生的经历，巩固了海明威不可摧毁的坚强人的形象和神话般的关于"爸爸"的传说。

但1954年3月下旬，当海明威抵达威尼斯时，朋友们都注意到了他身体的恶化程度。他的头发剃短了，而且已经斑白，动作缓慢。讲话吞吞吐吐，体重也下

世界文坛的传奇　**海明威**

←海明威

降了许多，变得唠叨而神经质，失去了原来的自信，仿佛真的变成了一个老头子。他大量地喝酒，被作家的这种酗酒的职业病所压垮，变成了一个长年的酒鬼。必须依赖酒来减轻肉体的痛苦，分散不安的心绪，重振精神。

5月6日，海明威夫妇离开威尼斯，经过在艾克斯岛等地的短暂游历后，于7月到达哈瓦那。1954年10月28日，海明威获得了3.5万美元的诺贝尔文学奖奖金。他没有去斯德哥尔摩领奖，只送去了一份简短的发言稿，由美国大使在授奖仪式上代为宣读。在这份发言中，海明威谈到了文学生涯的危险性，承认自己的孤独、无常及失败。他说："写作，充其量也只是个孤独的生涯。……因为他只是孤军奋战，假如他是个好作家，那就必须每日都面对永恒，否则他就不够格。"

从20世纪50年代中期以后，海明威大部分时间都花在恢复其非洲之行的伤病上，还要医治新的病痛。此外，写作《非洲日记》、拍摄《老人与海》，也是他工作的重要内容。他在古巴过着受人尊敬的生活，政府也常常为他授勋，把他当作英雄看待。

1957年，海明威被古巴闷热的天气和可怕的飓风搞得烦躁不安。8月，执政的巴蒂斯塔政权在革命力量的打击下，变本加厉地镇压人民。10月，海明威与朋友一起到达凯彻姆，租了一所房子住，以做他永久的避难地。1959年4月，菲德尔·卡斯特罗掌权后，海明威买下了一座占地17亩的房子，这所房子坐落在坎宁伦大道400号，是一座两层楼的混凝土建筑物。一个月后，他离开古巴，在西班牙的斗牛比赛中度过了半年。

1959年夏季，海明威同《生活》杂志签订合同，追随着斗牛士的紧张生活，以便写一系列有关斗牛士赤手空拳对斗情况的文章，之后，

← 1959年，海明威与卡斯特罗在一起。

世界文坛的传奇　**海明威**

应邀到移居西班牙的一个美国人庄园度过了1959年的夏天。这位叫纳森·戴维斯的美国人有一个豪华的家，这座庄园建于1835年，靠近马拉加机场。戴维斯于1951年从一个英国人手里买下了它，进行了全面的整修，并一直住在这里。1959年7月21日，在戴维斯的庄园里，海明威度过了他60岁的生日。玛丽用自己的1000美元稿费筹办了这次宴会，邀请了海明威在美国及欧洲的许多朋友前来。还请来了乐队、摄影师等，在歌舞烟火中，宴会整整闹了一夜，气氛非常隆重。

　　1959年春，海明威结识了一位叫瓦莱丽的年轻女记者，并雇用她担任自己的秘书。他离开西班牙后，她继续在古巴和凯彻姆为他工作，海明威去世后，瓦莱丽为玛丽工作。

→海明威

经过1954年在非洲险遭不测的打击之后，海明威审视了自己的一生和关于自己的讣告，一向讨厌写传记的他，终于对回忆录表示了一定的尊重。他说："由

文学艺术家卷　103

于我自己是个人,所以我知道最复杂的事情莫过于一个人的一生",并承认"传奇性的人物通常以写回忆录了结"。1956年11月,海明威找回了1928年3月存放在巴黎一家饭店地下室的两只小箱子,里面有他的小说稿、笔记本、报纸剪贴、书籍和旧衣服。这些触发了他对过去事情的回忆,促使他开始写作《流动的宴会》。这部作品使海明威恢复了过去贫穷而纯正中岁月的精神。作品于1960年完成后,他重新追溯了在巴黎所走过的道路,以证实地形上的准确性。这部书在他生前没有发表。1964年5月出版后,一直到12月都在畅销书单上,其中有5个月一直列在第一位。《流动的宴会》标题是一个基督教的名词,作品以小说化的自传,散乱地根据事实叙述,以自己所熟悉的习惯来重新构思自己的生活以适合自己个人的神话,从而重新创造他想象中的往事,通过清晰的回忆、生动的场面和夸张的想象色彩赢得了读者的欢迎。

  这部作品提供了一个辛酸的再创造,描述了他如何第一次发现自己的使命和认识到自己的才华的时候,这位年迈的作家有能力重新恢复他的艺术青春,并奉献一则虽然对事实有所歪曲,但仍十分动人的有关他在巴黎时期的往事。《流动的宴会》是他非小说体作品中最好的著作,显示了他在住进梅奥诊所的几个月前,

世界文坛的传奇　**海明威**

→海明威

成功地抑制了头脑的衰退并重新获得了他文学创作的全部力量。这是他生命的又一次辉煌胜利！

海明威写作态度极其严肃，十分重视作品的修改。他每天开始写作时，先把前一天写的读一遍，写到哪里就改到哪里。全书写完后又从头到尾改一遍；草稿请人家打字誊清后又改一遍；最后清样出来再改一遍。他认为这样三次大修改是写好一本书的必要条件。他的长篇小说《永别了，武器》初稿写了6个月，修改又花了5个月，清样出来后还在改，最后一页一共改了39次才满意。《丧钟为谁而鸣》的创作花了17个月，脱稿后天天都在修改，清样出来后，他连续修改了96个小时，没有离开房间。他主张"去掉废话"，把一切华而不实的词句删去。最终取得了成功。

"硬汉子"传奇的破灭

> 人的一生可能燃烧也可能腐朽,我不能腐朽,我愿意燃烧起来。
> ——奥斯特洛夫斯基
> 我们为欢乐而生,为了欢乐而战斗,我们将要为欢乐而死,让悲哀永远不同我们的名字联系在一起。
> ——伏契克

1960年7月下旬,海明威最后一次离开古巴去纽约。8月初,他出现明显的精神病初期症状。他表现出烦躁、健忘、易怒、多疑、恐惧、内疚等心理感觉。9月23日,这位一向刚强的"硬汉子"对玛丽坦白说:"我希望你能在这里照顾我,帮我完成工作,免得我垮下来。我现在非常想要安静下来休息休息。"同时,瓦莱丽也被请到马德里帮助他处理邮件。10月,海明威对去纽约表现出的担心和犹豫更表明了他病情的严重。他老是疑心在凯彻姆和梅奥诊所被联邦调查局的代理人跟踪,没有任何论证能改变他的想法或者减轻他荒谬而又十分可怕的恐怖感。玛丽感到这意味着他同现实失去了联系而正在走向精神的全面崩溃。

1960年12月,海明威因高血压症住进了梅奥诊所的圣玛丽医院,而实际上,严重的抑郁症才是他入院的真正原因。在梅奥诊所,他大约接受了11次到15次电震治疗。电震治疗的目的在于搅乱不论何种导致精神病行为的脑结构,从而使比较健康的脑结构取代它。但却没有人能说清这种神秘的治疗方法是如何起作用的,而这种方法的危险性却是众所周知的,它可能导致死亡、失去记忆力、个性的改变和不能集中注意力、恐惧等,而且对于严重的抑郁症病人是不起作用的。

→海明威

1961年1月，第一个疗程结束后，海明威的妄想并没有改变也没有消失，而且他引为自豪的记忆力被彻底摧毁。1月22日，他被放回凯彻姆。2月，人们请他手写一份颂辞给肯尼迪总统，他用了一个星期也没能完成。面对失败他痛哭流涕。4月，精神高度紧张的玛丽从楼梯上摔下来跌破了头。3个星期后，她发现海明威握着一把猎枪自言自语了近一个小时。4月25日，海明威再次被送进梅奥诊所并且又做了10次电震治疗。6月，对痊愈再不抱任何希望的海明威作出自杀的决定。他说："假如不能按我的条件活着，那这种活着就不能忍受……我就是那样生活过的，我也是必须那样生活的——要么就不活。"6月15日，他给一位朋友患心脏病的9岁儿子写了一封信。这是他一生中最后一封信。6月30日，海明威被放回到凯彻姆的家中，这时的他已显得年迈、病态、衰弱不堪，似乎只剩下了一副备受损坏的瘦弱的骨架子。

诊所，从梅奥回到家后两天，海明威像往常一样早早醒了，他穿了一套睡衣，走到地下室，找到了装有子弹的枪，回到门厅里来，将枪筒末端放进嘴里，朝自己开了枪，结束了他富有传奇色彩的一生。

自杀是海明威生平和著作中一再出现的主题，尤其是父亲的自杀对他的思想和感情都有极为深刻的影

世界文坛的传奇　**海明威**

→海明威与猫

响。从1918年10月战争中受伤后，他就表达了一种信仰："有多好……走到外面光天化日之下，要比让你自己的身体烂掉、衰老、幻灭要好得多。"在后来的岁月里，这种自我毁灭的念头时常伴随着他。他在许多作品中指责父亲是胆小鬼，但又在许多作品中认为："死亡是所有不幸的至高无上的解救办法。"在20世纪50年代，他努力找出根据来对抗自我毁灭的冲动，他希望生活会好起来，自杀对下一代不好，是自私的、怯懦的。他的身体在战争和各种事故中一次次地被摧毁，但他却在各种磨难中更坚强起来。非洲的飞机坠落，再一次证实了他这位英雄的神话，各种不平凡的经历都铭刻在他的躯体上，似乎他能征服任何艰难险阻而活下来，但梅奥诊所彻底摧毁了他的记忆力和写作力，唯一留给他的东西就是自由。他曾说："自由在死亡的行动中和在活命的行动中是一样的重要。"他年轻时形成的以坚韧和刚毅为基础的生活准则，使他无法允许自己苟延残喘。他所拥有的财富、女人、天才、荣耀，都因为身体的病痛而失去了固有的色彩和吸引力，甚至变成了一种嘲弄。他已经不能再随心所欲地驾驭这一切，他成了一个虚弱的老人，而不是令人崇敬、精力旺盛、充满传奇色彩和无穷力量的海明威了，而他必须是尊严、光荣地活着的。因此，当他不能让人当作偶像看待时，他只好选择死亡，来报复衰老和疾病。

　　枪声结束了一位杰出作家的人生传奇，从此，这颗卓尔不群的宇宙之星将永远辉耀后世文坛。海明威给世界奉献了一种文

← 海明威在古巴家中

世界文坛的传奇　**海明威**

化的永久性的标志,这就是他的"硬汉子"形象,他的名字也因此被载入史册!

综观海明威60多年的生命旅程,可以说是波澜起伏的。20年代,初出茅庐的他几乎受到了全世界的赞扬,1929年的《永别了,武器》达到了第一个艺术高

→海明威

←老年的海明威依然热爱狩猎

峰；在30年代，他的作品又受到评论界严厉的批评。1940年出版的《丧钟为谁而鸣》又使他的名誉得到很大的恢复；40年代，他几乎没有什么重要作品问世。1952年，他的《老人与海》却获得了世界最高的奖励。在他生命的最后9年里，一本书也没有出版，但1964年发表的遗作《流动的宴会》却又使他获得赞誉。

　　海明威以清新的创作风格、熟练的技巧和丰富的感情表现，奠定了他20世纪美国最主要的小说家的地位。他的生活和作品培养了现代美国的性格，那种不

世界文坛的传奇　海明威

→海明威

以苦乐为意的达观与坚强对许多作家产生了深远的影响。作为一位杰出的作家，海明威以非同寻常的知识描绘自然界，描绘暴烈的经历和突然的死亡，描绘了战争中的英雄气概和悲惨结局，描绘战斗中的心理混乱和对生的淡泊。他有强烈的理想主义、力量和勇气，他勤奋、冒险又热爱生活、享受人生。他优美的语汇和飞翔的想象力至今仍活在读者的语言中。压制下的优美、午后的死亡、流动的宴会……成为人类永久的精神财富！

一位伟大的作家用自杀结束了自己的生命，这并非光彩的一笔，但他在困难、挫折面前所表现出的坦然和刚毅，却使"硬汉子"形象高高地耸立起来，他杰出的作品将一代一代流传下去，向所有渴望自由、尊严的心灵讲述欧内斯特·海明威的不朽传奇！

相关链接

海明威的作品

《非洲的青山》Africa's Castle Peak

《太阳照常升起》The Sun Also Rises

《永别了,武器》A Farewell to Arms

《第五纵队·西班牙大地》The Fifth Columns, Spain the Earth

《曙光示真》True at First Light

《不固定的圣节》A Moveable Feast

《过河入林》Across the River and into the Trees

《丧钟为谁而鸣》For Whom the Bell Tolls

《危险的夏天》Dangerous Summer

《老人与海》The Old Man and the Sea

《伊甸园》the Garden of Eden

《午后之死》Die in the Afternoon

《岛在湾流中》Island in the Gulf Stream in

《有的和没有的》A Rich Man and No Money

《乞力马扎罗的雪》The Snows of Kilimanjaro

相关链接

海明威的名言

一个人并不是生来要给打败的。你尽可以消灭他，可就是打不败他。

生活与斗牛差不多。不是你战胜牛，就是牛挑死你。

我多希望在我只爱她一个人时就死去。

所有的罪恶都始于清白。

没有失败，只有战死。

胜利者一无所获。

对一个作家最好的训练是——不快乐的童年。

20世纪的丧钟为人类而鸣！

如果你有幸在年轻时居住过Paris，那Paris将会跟着你一辈子。

只向老人低头。

每个人都不是一座孤岛，一个人必须是这世界上最坚固的岛屿，然后才能成为大陆的一部分。

上帝创造人，不是为了失败。

只要不计较得失，人生便没有什么不能克服的。

偏执是件古怪的东西。偏执的人必然绝对相信自己是正确的，而克制自己，保持正确思想，正是最能助长这种自以为正确和正直的看法。

每一个人都需要有人和他开诚布公地谈心。一个人尽管可以十分英勇，但他也可能十分孤独。

自己就是主宰一切的上帝，倘若想征服全世界，就得先征服自己。

恕我不能站起来。——海明威（墓碑上刻）

青年人要有老年人的沉着，老年人应有青年人的精神。

比别人强，并不算高贵；比以前的自己强，才是真实的高贵。

除非你拥有爱，否则你不知道快乐是什么。

在这个世界上，欲望并非痛苦，他可以使感觉变得敏锐，是一个人的青春的内在标志。

我要让它知道什么是一个人能够办得到的，什么是一个人忍受得住的。